ARRÊTE D'EMBÊTER TON FRÈRE, LAISSE TA SŒUR TRANQUILLE

www.editions-jclattes.fr

Elizabeth Crary
Illustrations de Mits Katayama

ARRÊTE D'EMBÊTER TON FRÈRE, LAISSE TA SŒUR TRANQUILLE

Enfin des outils concrets pour faire face aux querelles incessantes dans la fratrie

Traduit de l'anglais par Margot Fried-Filliozat

JC Lattès

Titre de l'édition originale
HELP ! THE KIDS ARE AT IT AGAIN
publiée par Parenting Press, Inc. Seattle, Washington

Collection PARENT +
dirigée par Isabelle FILLIOZAT

Maquette de couverture : Atelier Didier Thimonier
Illustration : Hélène Crochemore

ISBN : 978-2-7096-3836-4

Première édition avril 2012.

« La prochaine fois que vous chercherez votre sifflet d'arbitre, saisissez-vous plutôt du livre d'Elizabeth Crary, *Arrête d'embêter ton frère, laisse ta sœur tranquille.* Son approche permet aux parents de dépasser le sempiternel refrain "ils demandent de l'attention"… Dans cet ouvrage vous trouverez une multitude d'exemples qui auraient pu être saisis sur le vif dans n'importe quelle famille de plus d'un enfant. »

Le Boston Globe

1997, lauréat du prix Family Channel Seal of Quality (le label qualité de la chaîne de télévision Family) *« Le label de qualité de Family Channel offre une garantie de divertissement positif en famille. »*

Sommaire

Présentation de la collection

Le monde change, les enfants d'aujourd'hui ne vivent plus dans le même environnement que ceux d'hier, tout bouge. Entre laisser-faire et autorité, les comportements des parents oscillent. Cette collection ouvre une troisième voie, celle de la parentalité positive, qui s'attache à construire en positif plutôt qu'à répondre à ce qui est négatif. Elle s'intéresse aux causes plutôt qu'aux seuls effets, elle travaille en amont pour éviter l'apparition de comportements de blocage plutôt que tenter de les réprimer ou de les punir. La parentalité positive pense en termes de besoins, d'enseignement, de coaching et non en termes de caprices, de limites, de rapports de domination.

En France, la théorie psychanalytique a profondément marqué le monde de l'éducation. L'enfant y est vu comme animé de pulsions à contenir pour qu'il devienne un être social. Ses comportements sont perçus comme mus par le seul principe de plaisir auquel les adultes doivent opposer le principe de réalité. Le rôle du parent est donc de poser des limites aux désirs, aux caprices et à la toute-puissance de l'enfant. Un modèle d'éducation par le conflit est né. Nombre de comportements sont vus comme des manifestations d'opposition aux exigences parentales, sont interprétés comme cherchant à manipuler le parent. Dans ce paradigme, il est naturel que le parent cherche à contrôler, à cadrer. S'il n'est pas autoritaire, il est vu comme laxiste. Il « laisse tout faire ».

John Bowlby (1907-1990), pédopsychiatre et psychanalyste anglais, n'arrivait pas à se satisfaire de cette approche. S'intéressant à la discipline scientifique naissante qu'était l'éthologie, il y a découvert l'empreinte et le besoin d'attachement. Au cours des années 1950, il énonce la théorie de l'attachement, s'opposant à la théorie psychanalytique des pulsions. L'enfant n'existe pas seul, il est un être de relation, un être social dès sa naissance. L'attachement se construit dans l'interaction entre le nourrisson et la personne qui s'occupe de lui. Les comportements de l'enfant, même et surtout les plus difficiles, ne cherchent pas à manipuler, mais ont des causes. Ils expriment ses besoins, notamment d'attachement. Le rôle du parent est d'identifier ces besoins insatisfaits et de les nourrir.

Face aux comportements excessifs ou désagréables de nos enfants, la plupart des parents actuels se disent « Elle me fait un caprice », « il est jaloux », « elle cherche de l'attention », « il me teste », et réagissent en conséquence. Cette vision de l'enfant qui le et nous place dans un rapport de force permanent est issu de la théorie psychanalytique des pulsions.

La collection Parent +, résolument ancrée dans le paradigme de l'attachement, a pour but de présenter des informations sur le cerveau en développement, différentes approches de parentalité positive et surtout des outils pour le quotidien. Car nous manquons à ce jour de pratiques concrètes de parentalité positive. Aimer son enfant est nécessaire, certes, mais pas suffisant pour faire face aux situations les plus banales du quotidien. Nous avons besoin d'idées, d'outils, d'exemples, pour nourrir nos attitudes parentales. Les modèles du passé ne nous conviennent plus, mais les alternatives sont peu développées. C'est une chose de dire qu'on ne tape plus, qu'on ne fait plus peur ni honte à nos enfants, mais alors que faire ? Que dire ? Comment agir face à leurs comportements inacceptables ? Nous le constatons tous les jours, crier, comme punir, est inefficace. La preuve ? Il faut toujours recommencer. Comment faire autrement ? Nombreux sont les adultes qui pensent que, s'ils ne giflent, ne menacent, ni ne punissent, ils devront tout accepter, tous les comportements, toutes les demandes et toutes les réactions émotionnelles et qu'ils devront passer leur temps à expliquer le pourquoi du comment à leur gamin. Le parentage positif ne consiste ni à donner des récompenses ni à expliquer en permanence, mais à développer de nouvelles attitudes parentales, pédagogiques et efficaces. Le plus souvent, chacun d'entre nous se dira « Bon sang mais c'est bien sûr ! Pourquoi je n'y ai pas pensé plus tôt ? » Nous n'y avons pas pensé parce que notre vision était inscrite dans un paradigme qui ne nous le permettait pas. D'autres, ailleurs, y ont pensé, ont expérimenté, et ont écrit des livres que j'ai plaisir à présenter au public français.

Nous avons besoin de petites astuces, de techniques simples et rapides pour qu'ils mettent leurs bottes, coopèrent pour partir à l'école à l'heure et sans stress, pour vivre des repas sympas, pour que le square ne soit pas une angoisse, pour qu'elle nous donne la main pour traverser la rue sans chercher à s'échapper, pour qu'il cesse de se chamailler avec sa sœur, pour qu'elle aille faire pipi et qu'il se lave, pour un coucher avec histoire mais sans histoires… Bref, pour un quotidien moins prise de tête, plus gai, plus libre, plus heureux.

À regard nouveau sur l'enfant, mots nouveaux. Vous trouverez au gré des pages les vocables parentalité, parentage, habileté. Des mots un peu techniques voués à devenir courants.

Parentalité : La première apparition du mot dans un texte français date de 1961. La parentalité, c'est le « qui, quoi, comment être parent ». Ce terme nomme la relation et la fonction qui se développent entre un parent et son enfant sur les plans psychologique, sociologique, socio-économique, juridique, et culturel.

L'expression « soutien à la parentalité » fréquemment usité dans les institutions, englobe les actions et les outils mis en place pour aider les parents dans leur fonction.

Parentage : Ce nouveau mot permet d'englober maternage et paternage. Avant d'être mère ou père, nous sommes parent. Il décrit un ensemble de comportements et d'attitudes.

Parenter : « Élever un enfant » renvoie à un champ un peu vaste. Parenter est un verbe plus concret, qui renvoie à des gestes, des paroles, des actions.

Habileté : Néologisme québécois, une habileté est un savoir-faire. Ce mot englobe les significations de compétence, astuce, doigté, art, capacité.

I. F.

Note : Tout au long du livre, les pronoms ELLE et IL alterneront, parce que le masculin ne l'emporte plus sur le féminin. Nos yeux ne sont pas encore habitués et certains trouveront choquante cette alternance, mais cette petite gymnastique nous permet de respecter la parité et nous paraît moins lourde à la lecture que l'ajout systématique de / elle et de (e).

Préface
Isabelle Filliozat

Les querelles entre frères et sœurs nous usent les nerfs. Nous y assistons tour à tour compatissants, autoritaires, exaspérés, épuisés. Que faire ? Comme de nombreux parents, je me suis souvent sentie impuissante et démunie devant les conflits de mes enfants. Les bagarres me paraissaient incessantes. Quand j'ai découvert cette perle d'Elizabeth Crary, j'ai eu envie de la mettre à disposition du public français. Les idées sont novatrices et l'approche très concrète. Juste ce dont les parents ont besoin. Pas trop de théorie, des outils pratiques qui changent la vie tout de suite !

Dans ce premier ouvrage de la collection Parent +, Elizabeth Crary s'intéresse à une croyance très ancrée : les disputes entre frères et sœurs ont pour origine la jalousie. Vous découvrirez qu'elles ont bien d'autres causes et évidemment, une fois le problème réel identifié, il est bien plus facile d'y remédier ! Tout au long du livre, l'auteure nous incite à modifier notre point de vue, et surtout nous enseigne des méthodes efficaces et réalistes. Son approche est très innovante, bien que tellement simple et évidente, chaque parent en la lisant se dira « bon sang, mais c'est bien sûr, j'aurais pu y penser ! ». Plutôt que d'orienter notre attention de parent vers les problèmes, vers ce qui ne va pas, elle la dirige vers les solutions, vers ce que l'enfant a besoin d'apprendre. Ainsi le problème n'en est plus un. Elizabeth Crary a ce talent des Américains de ne pas hésiter à écrire simple parce qu'elle vise l'efficacité. Chaque parent peut s'approprier rapidement les techniques et outils proposés et devenir de plus en plus habile. L'auteure nous accompagne pas à pas dans ce processus STAR, pour favoriser de vrais changements dans l'ambiance familiale.

Depuis des années, je milite pour un apprentissage des compétences émotionnelles et relationnelles, à l'école et à la maison, c'est donc tout naturellement que j'inaugure cette collection Parent + avec un livre qui vise à enseigner aux enfants les compétences émotionnelles et relationnelles nécessaires pour bien s'entendre avec les autres.

Bonne lecture !

Préambule

Rebecca est aux anges : elle attend un deuxième enfant. Elle aime tant sa petite Anna, sa première. C'est certain, les deux bambins joueront merveilleusement bien ensemble. Elle s'y voit déjà. Elle leur donnera tant d'attention et d'amour que jamais ils ne se disputeront. Quand Chloé vient au monde, tout se passe effectivement plutôt bien, tout au moins jusqu'à ce qu'elle commence à se déplacer. C'est alors que surgissent des conflits sans fin. L'aînée ne laisse la cadette toucher à rien. Elle donne des ordres et tente de régenter sa sœur, cette dernière évidemment se rebelle… « Où est l'erreur ? » se demande Rebecca, effarée et démunie devant ces querelles incessantes.

Au cours des dernières années, dans les groupes que j'animais, j'ai entendu de nombreux parents partager une expérience similaire et me demander des idées pour gérer rivalités et querelles entre frères et sœurs. Peu à peu une évidence m'est apparue : nombre de ces comportements qui posent problème au sein de la fratrie se manifestent aussi à l'extérieur, dans la relation des enfants avec leurs amis. Cette observation m'a incitée à considérer ces altercations à la lumière des compétences relationnelles que les enfants ont besoin de développer. La jalousie, si souvent invoquée, est en effet bien loin d'expliquer toutes les disputes ! Dans cet ouvrage, je mets en lumière quatre compétences relationnelles utiles aux enfants pour s'entendre avec leurs frères et sœurs bien sûr, et aussi avec leurs copains. L'attitude de la petite Anna envers sa petite sœur peut être interprétée comme liée au besoin de définir des frontières autour de ce qui est « à elle » et d'apprendre à exercer son juste pouvoir pour les défendre. Il est fort possible qu'elle ne se sente pas jalouse du tout !

Ne vous êtes-vous jamais demandé pourquoi dans certaines familles, les enfants semblent s'entendre très bien les uns avec les autres ? Il y a différentes raisons à cela. Certains enfants ont un tempérament très calme, facile et ne s'engagent tout simplement pas dans des disputes, ni avec leurs frères et sœurs ni avec les autres.

D'autres enfants développent naturellement leurs aptitudes relationnelles et sociales. Enfin, hélas, certains enfants vivent dans un cadre familial si déplorable que leur seul moyen de survie est de tisser de solides liens entre eux. Ceux-là ne se querellent jamais et font passer les besoins des autres avant les leurs.

Si vos enfants ne font partie d'aucune de ces trois catégories, pas de panique, ces capacités sociales s'apprennent. La mère d'Anna, Rebecca, identifiant les besoins de sa fille aînée sans oublier ceux de Chloé, peut leur enseigner à toutes deux à poser et faire respecter leurs frontières respectives ainsi qu'à user de leur propre pouvoir avec respect l'une envers l'autre. Lorsque vos enfants maîtriseront ces approches, les disputes ne disparaîtront pas complètement, mais ils auront à leur disposition des techniques efficaces et sauront régler leurs différends. Ces compétences leur seront utiles non seulement avec leurs frères, sœurs et copains dès aujourd'hui, mais dans toutes leurs relations futures.

Pourquoi les enfants ont-ils tant de mal à s'entendre entre eux ?

Thomas, deux ans et demi, enfonce un doigt dans le ventre de son petit frère. Nathan se met à pleurer. Maman arrive en courant, écarte Thomas du bébé :

— Arrête ça. Tu sais que tu ne dois pas lui faire mal. Tu es puni ! Va dans ta chambre !

Thomas ne bouge pas, sa mère le prend par la main et le conduit de force jusqu'à sa chambre. Thomas pleure :

— Pardon. Pas puni, s'il te plaît, maman.

Et il semble que plus maman envoie Thomas dans sa chambre, plus ce dernier embête son frère.

Rosa, trois ans et demi, pose son jouet. Immédiatement, Maria, sa petite sœur de deux ans, s'en empare. Rosa hurle :

— Rends-le-moi.

Maria l'ignore... Une énième bataille vient de débuter.

— Je veux y aller ! Pourquoi je ne peux pas y aller, moi aussi ? gémit Antoine en regardant Jean-Marc, son grand frère, préparer ses affaires pour aller camper. Je sais, annonce-t-il soudainement, papa peut m'emmener !

Jean-Marc lui réexplique :

— Tu ne peux pas venir camper à moins d'être un membre de la troupe. Papa est un des chefs scouts, il doit y aller.

Alors que Jean-Marc va chercher ses bottes, Antoine subtilise sa lampe de poche. Ne la trouvant pas pour la mettre dans son sac, Jean-Marc va voir sa mère et accuse Antoine de l'avoir prise.

Camille, dix ans, est fatiguée de lire, fatiguée de dessiner, de faire des colliers, de regarder la télé et de faire ses devoirs. Elle n'a pas envie de ranger sa chambre, ni d'aider sa mère. Elle regarde Léo, son petit frère de quatre ans, construire une grande tour de cubes. Camille ramasse son livre et se dirige vers la porte. Passant près de son frère, le livre lui glisse des mains et détruit la construction, déclenchant les cris de Léo :

— Tu as cassé ma tour ! Espèce d'idiote !

— J'ai pas fait exprès ! lui rétorque Camille d'un ton suffisant.

Yoan, neuf ans, regarde une vidéo tranquillement assis sur le canapé. Érica, quatre ans, s'approche de lui et commence à l'asticoter en lui chatouillant les pieds. Quand il lui demande d'arrêter, elle rigole et continue. Yoan s'assoit alors sur ses pieds pour les cacher. Érica tente de le pousser, perd l'équilibre, tombe du canapé et se cogne la tête.

Que se passe-t-il entre frères et sœurs ?

Jalousie et rivalité sont les raisons les plus souvent invoquées pour expliquer les batailles entre frères et sœurs. Bien que cela puisse être le cas dans certaines situations, les conflits sont en réalité bien plus souvent dus à l'âge et aux étapes de développement de chaque enfant. Travailler sur ces dimensions au sein de la fratrie constitue donc une approche appropriée et très efficace. À chaque stade de sa croissance, l'enfant a des besoins spécifiques et des tâches à accomplir. Lorsqu'il a acquis ce dont il a besoin à son stade de développement, les altercations diminuent naturellement.

D'autre part, la réduction des « guerres fratricides » dépendra de la manière dont les désaccords seront gérés par la famille et par la façon dont les parents encourageront les compétences relationnelles nouvellement apprises par les enfants.

Pour s'entendre les uns avec les autres, frères et sœurs ont besoin de méthodes constructives pour :

- Se sentir appartenir
- Établir des limites personnelles

- Gérer leurs émotions
- Résoudre les problèmes

Chacune des situations citées en début de ce chapitre illustre une compétence nécessaire aux enfants pour s'accorder de manière saine :

- Se sentir intégré dans la famille (Thomas)
- Négocier (Maria)
- Gérer les émotions (déception ou colère) (Antoine)
- Gérer l'ennui (Camille)
- Remarquer et respecter les limites personnelles (Érica)

Ces exemples nous permettront d'aborder la manière d'aider même les plus petits à intégrer les compétences relationnelles et sociales de base. Certains enfants semblent être nés avec la capacité de s'entendre avec les autres. D'autres apprennent par eux-mêmes, à force d'expériences. D'autres encore ont besoin d'aide et d'accompagnement. **À chacun sa vitesse d'acquisition.**

Quatre compétences sociales indispensables

Acquérir le sentiment d'appartenance. Appartenir est un besoin humain de base. Les enfants feront n'importe quoi pour être reconnus et acceptés. Si c'est le seul moyen d'y parvenir, ils seront même prêts à braver les règles et à mettre leurs parents en colère. Les enfants sollicitent le regard d'un parent et peuvent aussi rechercher celui d'un autre enfant. Quand leur besoin d'appartenance n'est pas satisfait, ce même impératif pousse des jeunes plus âgés à rejoindre des bandes.

Poser et respecter des limites et des frontières. Première séparation : la naissance. Les bébés grandissent et découvrent peu à peu qu'ils ont une existence propre. Ils ont des contours, des frontières corporelles. Puis, ils apprennent ce qui est à eux et ce qui ne l'est pas. Alors qu'ils explorent le monde, ils rencontrent toutes sortes de limites. Certaines choses sont pour eux et d'autres non. Ils peuvent aller à certains endroits et pas à d'autres.

Gérer les émotions. Comprendre ses propres émotions, développer des manières de les gérer, et saisir que les autres aussi ont des émotions sont des clés indispensables de la socialisation. Avoir des frères et sœurs offre beaucoup d'occasions d'en apprendre sur l'univers émotionnel.

Résoudre des problèmes. Comment faire pour obtenir ce que l'on désire sans user de violence ? Vos enfants savent-ils qu'il existe différentes sortes de pouvoir et que le pouvoir peut être utilisé de manière constructive ou destructive ? Échanger, patienter et négocier, tout cela s'apprend.

Dans un monde idéal, les enfants acquerraient ces compétences aussi naturellement qu'ils apprennent à marcher et à parler. Mais même pour cela, ils ont besoin de nous. Nous leur donnons l'exemple de la marche sans y penser. Nous les immergeons dans un bain de langue auquel ils s'habituent progressivement. Savons-nous leur montrer nos compétences sociales ? Ne sommes-nous pas tentés nous aussi parfois d'user de la force pour obtenir d'eux ce que nous voulons ? Nous savons finalement peu de choses sur les émotions, sur les relations humaines, sur l'identification des besoins de chacun, sur le pouvoir personnel et la négociation avec les autres. Le plus souvent, nous avons découvert au hasard de nos vies des stratégies qui fonctionnent plus ou moins. Nous pouvons donner à nos enfants ce que nous n'avons pas reçu, un véritable enseignement des compétences émotionnelles et sociales nécessaires pour ce qu'on appelle désormais le « vivre ensemble ».

À chaque étape de sa croissance, selon l'enjeu spécifique et les objectifs de cette période, différentes compétences sociales seront plus particulièrement pertinentes à explorer et travailler. Bien distinguer ces périodes diminuera drastiquement les disputes. Nous verrons ces étapes en détail plus loin. Mais rien n'est jamais perdu, chaque compétence peut s'apprendre à n'importe quel moment de la vie. Au fur et à mesure que nous avancerons dans le livre, nous retournerons aux enfants et aux situations introduites aux pages 23 à 25.

Certains enfants achèvent une étape avant d'en entamer une autre. D'autres entrent au stade suivant, celui de leur âge, avant d'avoir complètement acquis le précédent. C'est le cas, par exemple, lorsqu'on voit un enfant de quatre ans se débattre avec des problèmes de pouvoir et d'influence sur autrui alors qu'il ne sait pas encore gérer ses émotions.

Il sera nécessaire alors de lui enseigner d'abord à identifier, exprimer ou calmer ses émotions avant de l'aider avec la manière dont il use de son pouvoir sur autrui. Nous y reviendrons.

Chaque étape de la croissance a un enjeu spécifique. L'enfant a une tâche à accomplir, un objectif de développement à atteindre.

Étapes et enjeux

Âge	Étape	Enjeu
0-6 mois	Être	Attachement et sécurité. Grandir et faire confiance.
6-18 mois	Explorer	Explorer leur monde
18-36 mois	Penser et ressentir	Différencier pensées et émotions. Exprimer ses émotions de manière appropriée.
3-6 ans	Pouvoir et identité	Observer la manière dont les gens utilisent le pouvoir. Déterminer comment se servir de son propre pouvoir. Différencier ce que font les hommes et les femmes.
6-12 ans	Structure et pairs	Structurer sa personnalité pour vivre dans le monde extérieur.

Questions liées au développement dans les conflits au sein de la fratrie

Entre frères et sœurs, les occasions de travailler sur les besoins croisés liés au développement sont nombreuses. En jetant un œil sur le tableau ci-dessus, il nous apparaît immédiatement que dans une fratrie, les enfants, n'étant pas du même âge, ont donc à apprendre à l'instant I des compétences différentes selon l'étape de croissance qu'ils traversent. Si les besoins de nos enfants nous paraissent parfois incompatibles, nous allons découvrir que leurs querelles forment autant de circonstances propices à l'apprentissage de nouvelles compétences.

Toute situation est susceptible d'offrir des opportunités d'apprentissage pour chacun des enfants. Ensuite, bien sûr, les choses se passeront plus ou moins en douceur selon le tempérament des enfants. Dans le tableau ci-dessous, nous mettons en scène des fratries aux prises avec des péripéties du quotidien. Dans la deuxième colonne, l'opportunité d'apprentissage du cadet. Dans la troisième colonne, l'opportunité pour le plus grand.

Enjeu lié au développement et compétences

Enjeu : attachement, se sentir aimé

La situation :	Le plus jeune peut apprendre :	Le plus âgé peut apprendre :
Le bébé pleure et occupe une grande partie du temps de ses parents. Les enfants plus âgés se sentent ignorés.	à se réconforter tout seul et à avoir confiance dans le fait qu'on va venir l'aider.	à obtenir de l'attention de ses parents de manière efficace et appropriée.

Enjeu : explorer le monde

La situation :	Le plus jeune peut apprendre :	Le plus âgé peut apprendre :
Le bambin commence à déchirer le livre du plus grand. Ce dernier est furieux.	qu'il ne peut explorer tout ce qu'il voit.	à protéger ses affaires en les mettant hors d'atteinte.

Enjeu : apprendre à gérer ses émotions et celles des autres

La situation :	Le plus jeune peut apprendre :	Le plus âgé peut apprendre :
Une fillette de deux ans fait une crise de rage lorsqu'elle ne peut pas avoir la nouvelle poupée de sa grande sœur.	à gérer ses émotions (colère, frustration, ennui).	à accueillir et à faire face à la colère d'autrui, celle de ses frères et sœurs, comme celle de ses ami(e)s.

Enjeu : comment user de son pouvoir personnel pour satisfaire ses besoins

La situation :	Le plus jeune peut apprendre :	Le plus âgé peut apprendre :
Un petit de maternelle veut quelque chose qu'utilise son frère et l'attrape.	à obtenir ce qu'il veut de manière respectueuse (échanger, négocier, patienter).	à protéger ses biens en établissant des règles claires, des conséquences et en demandant de l'aide si nécessaire.

Enjeu : développer des stratégies sociales

La situation :	Le plus jeune peut apprendre :	Le plus âgé peut apprendre :
La journée a été difficile à l'école et, de retour à la maison, le petit embête son grand frère.	à mettre des mots sur ses émotions et ses besoins, et à s'en occuper directement et non indirectement en embêtant autrui.	à évaluer les dires et les besoins de ses frères et sœurs, et à demander de l'aide si nécessaire.

Le tempérament

Enfant comme adulte, nous avons tous notre propre tempérament. Composé de neuf traits de personnalité, il est plutôt constant sur le long terme.

Chaque trait se mesure sur une échelle d'intensité. Si une personne peut se situer à l'ultime extrémité pour un trait spécifique et tout à fait à l'opposé pour un autre, la plupart des gens se situent dans les degrés intermédiaires. Sur le tableau page 38, vous pourrez évaluer où se situent chacun de vos enfants sur l'échelle. Avant cela, souvenons-nous qu'un trait n'est ni bon ni mauvais en soi. Il se montre utile dans certaines situations et handicapant dans d'autres. Certains sont difficiles à vivre chez les enfants, comme par exemple l'obstination ou une forte énergie, alors qu'ils deviennent des qualités recherchées chez les adultes. Le défi pour les parents est de canaliser ces caractéristiques dans des directions constructives.

Le tempérament de chacun affecte la gestion des conflits au sein de la fratrie

La personnalité de chacun affecte forcément la manière dont il vivra les différentes étapes de son développement. Un enfant très intense exprimera plus bruyamment sa colère qu'un autre au tempérament calme. Un enfant actif risque davantage de frapper ou pousser qu'un enfant au caractère doux. Les exemples qui suivent illustrent la différence d'évolution des situations rencontrées quotidiennement selon les tempéraments des enfants.

Maria prend le jouet de Rosa. Si Rosa est une enfant tranquille, adaptable, facilement distraite, elle trouvera rapidement quelque chose d'autre avec quoi jouer.

Si Maria et Rosa sont toutes deux intenses, têtues et inflexibles, elles se bagarreront longtemps autour du jouet.

Tom veut jouer à chat avec son grand frère Jonathan. Si Jonathan a peu d'énergie, est irritable, obstiné, et a envie de lire un livre, ils se disputeront probablement.

Si Jonathan est joyeux, plein d'énergie et souple, il est probable qu'ils se mettront sur-le-champ à se pourchasser l'un l'autre gaiement.

Les conflits entre enfants aux traits bien trempés seront forcément plus marqués que ceux se déroulant entre petits moins affirmés. Les parents ont peu d'influence directe sur le tempérament, mais quel que soit ce dernier, ils peuvent enseigner les compétences nécessaires pour gérer au mieux les différences inter individuelles, pallier les inconvénients de sa propre nature, et savoir faire face au caractère des autres.

Découvrir de quelle compétence un enfant a besoin est une chose. L'y éduquer en est une autre. Dans ce chapitre, nous vous présentons le parentage STAR, il comprend des processus de résolution de problèmes, ainsi que quinze habiletés réparties sur les cinq pointes de l'étoile. Vous pouvez utiliser ces informations pour faire face au comportement de votre enfant et pour lui enseigner de nouvelles compétences.

Neuf traits de tempérament

Niveau d'activité

Très actif et beaucoup d'énergie	Peu d'énergie et remue rarement

Intensité de réaction

Intense, qu'il soit heureux ou en colère	Calme et réservé la plupart du temps

Approche/retrait

Approche systématiquement toute nouvelle personne ou situation	Recule devant la nouveauté

Adaptabilité

Se fait rapidement aux changements quelle que soit son opinion initiale	Prend des semaines voire des mois pour s'adapter à tout changement

Sensibilité sensorielle

Extrêmement conscient de la lumière, des bruits, de la température et de la texture des vêtements, etc.	Complètement inconscient du monde physique

Persévérance

Reste longtemps avec le même objectif, même lorsqu'il rencontre des difficultés	Passe d'une activité à l'autre

Régularité et rythmicité

A une horloge intérieure précise : mange, dort et va aux toilettes à la même heure chaque jour	A une horloge interne irrégulière : peut dormir six heures une nuit puis douze la nuit suivante

Humeur

Né heureux, joyeux et optimiste	Souvent irritable et énervé

Concentration/Distractibilité

Facilement distrait par l'environnement et les activités autour de lui	Inconscient des activités, ou rarement distrait que ce soit par des gens, du bruit ou de l'activité

Le parentage STAR

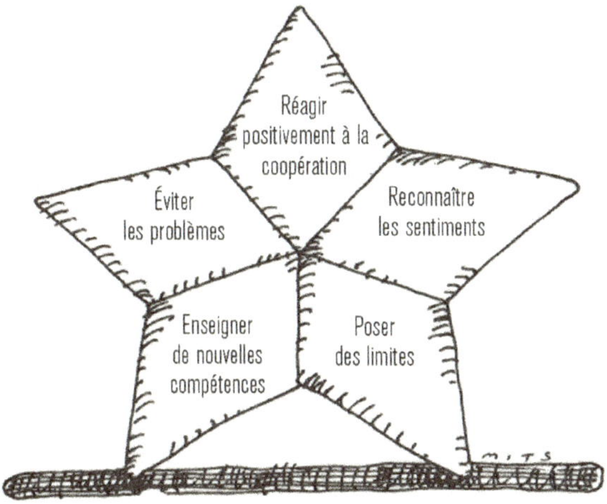

Le processus STAR

Le processus de parentage STAR est fondé sur le mot *STAR*. Chaque lettre représente une étape :

- S – Stop et mise au point
- T – Trouver des idées
- A – Agir concrètement
- R – Revoir et corriger

Stop et mise au point. Il s'agit de prendre le temps de regarder la situation pour l'analyser. Tout d'abord en considérant ce qui se passe à l'intérieur de nous, parent. Quelles sont nos émotions ? Puis en observant le comportement de l'enfant.

Je reconnais mes propres émotions. Par exemple : « Je me sens vraiment contrarié(e) par toutes ces chamailleries. »

Si je suis énervé(e), mieux vaut prendre le temps de me calmer avant d'intervenir. Je respire profondément ou regarde par la fenêtre. (Voir plus d'idées pour gérer ses émotions aux pages 89-106). Pour m'aider à relativiser et permettre à mon énervement de revenir à de plus justes proportions, je peux me poser ces questions :

« Ce problème de comportement de mon enfant est-il vraiment grave ? »

« Est-ce que j'y penserai encore dans cinq ans ? »

J'observe le comportement de mon enfant. Est-il fréquent ? Puis-je le dater ? Je considère mes buts à long terme : ces comportements pourraient-ils être utilisés comme tremplins pour lui enseigner mes valeurs ?

Trouver des idées. Il existe de nombreuses façons d'agir face à chaque comportement et dans chaque situation. Plus j'aurai d'options variées à ma disposition, plus j'aurai de chances d'en trouver une qui marchera. Je peux utiliser les habiletés STAR. Pour trouver encore d'autres idées je peux aussi :

- Parler à mes amis ou à mes proches
- Lire des livres
- Assister à des conférences
- Participer à des groupes de parents

Agir concrètement. Lorsque j'ai plusieurs idées, j'en choisis une à tenter en premier en tenant compte des besoins de mon enfant et des miens. Il faut garder en tête ce que je veux que mon enfant apprenne. Je prépare mon approche en réfléchissant attentivement à la manière de m'y prendre et même aux mots que je vais utiliser. Je demande de l'aide ou du soutien si j'en ressens le besoin. Ensuite, *GO !* Le meilleur des plans ne marche pas si je n'agis pas.

Quand je suis prêt(e), je décide d'un laps de temps pour mettre en œuvre cette première approche avant de changer éventuellement de plan. Il n'existe pas de durée magique à respecter, mais un certain temps est souvent nécessaire pour qu'un nouveau comportement s'installe. Il faut savoir que lorsqu'on change la manière dont nous répondons à une situation, les choses empirent souvent avant de s'améliorer. Les enfants tenteront peut-être d'obtenir la réponse à laquelle ils sont habitués avant d'expérimenter une nouvelle façon de se comporter. Une seule tentative est donc insuffisante. Toutefois, après un laps de temps raisonnable, il est évidemment inutile de poursuivre une approche qui ne fonctionne pas.

Revoir et corriger. Les plans qui fonctionnent complètement dès la première fois sont rares. Les meilleures techniques ne sont pas magiques ! La plupart du temps, il nous faut revoir, ajuster, rectifier notre approche. Les parents ont souvent tendance à rabâcher « la même chose ». C'est-à-dire que lorsque nous n'obtenons pas satisfaction avec une attitude, nous la durcissons, la répétons, vingt fois, trente fois… Là, il s'agit de prendre conscience que notre approche ne fonctionne pas. Plutôt que de nous persuader que nous avons raison et que l'enfant devrait enfin comprendre, il vaut mieux modifier notre façon d'aborder les choses. Généralement, il faut entre trois et cinq essais avant d'atteindre l'objectif visé. Parfois, dix changements ou plus sont nécessaires. Il est important de ne pas se décourager ni de s'enferrer. Trouver ce qui marche nécessite un peu de persévérance.

Habiletés et techniques STAR

Pour gagner en efficacité, utilisons les cinq pointes de l'étoile : éviter que le problème ne se pose, renforcer les comportements désirables, enseigner les compétences nécessaires, reconnaître les sentiments, et définir des limites raisonnables. Chacun de ces cinq points est également important.

Éviter que les problèmes ne se posent. Il ne s'agit pas de fuir les problèmes, mais de réduire le nombre de conflits afin de pouvoir s'occuper de ce qui est vraiment important.

Habiletés :	Exemples :
Réduire la tension	Laisser du temps au temps.
Modifier l'environnement	Ranger les jouets de l'aîné là où le plus jeune ne peut les atteindre.
Offrir un choix entre deux options	« Si tu veux être seule, tu peux dessiner sur la table ou dans ta chambre avec la porte fermée. »

Réagir positivement à la coopération. Le renforcement est un des facteurs fondamentaux de l'apprentissage. Trop souvent, nous ne remarquons que ce qui nous dérange ou nous mécontente. C'est pourquoi gronder, crier ou punir ne fonctionne guère. Ce sont des renforcements ! Et les négatifs opèrent tout autant que les positifs. Choisissons donc ce que nous renforçons et comment nous le faisons. Chaque fois que je fais une remarque à un enfant, je rends ce comportement plus probable. Donner de l'attention à ce qui ne me convient pas est contre-productif.

Habiletés :	Exemples :
Donner de l'attention	Je passe du temps avec mes enfants lorsqu'ils sont agréables l'un avec l'autre.
Remarquer, exprimer mon appréciation et ma gratitude	— Merci de laisser ta sœur regarder ton nouveau livre.
Récompenser	— Lorsque tu me demandes de l'aide au lieu de frapper, tu as droit à un autocollant.

Reconnaître les sentiments. Cela ne signifie pas être toujours d'accord avec ses enfants, mais accueillir leurs sentiments et leurs émotions sans les juger.

Habiletés :	Exemples :
Écoute simple	Juste écouter, sans donner de conseils
Écoute active	— Tu es déçue de ne pas avoir eu de nouvelle robe aujourd'hui.
Donner satisfaction dans l'imaginaire	— Ne serait-ce pas génial d'avoir une baguette magique ? Dès que tu voudrais quelque chose, tu pourrais agiter la baguette et tu l'aurais.

Définir des limites raisonnables. Établir des règles et des limites est nécessaire pour apprendre à vivre ensemble. En revanche, s'attendre à ce que les enfants les respectent « naturellement » est une illusion. Ils vont tester les règles et les limites, non pour vous énerver, mais simplement pour se les approprier, en saisir correctement les contours.

Habiletés :	Exemples :
Poser une règle claire et formulée positivement	— Touche délicatement.
Énoncer la ou les conséquences dont vous ferez suivre l'action	— Si tu fais mal à quelqu'un, tu joueras seul pendant un moment.
Décrire et orienter vers la recherche d'une meilleure solution	— J'ai deux enfants qui veulent utiliser le train. Que pouvons-nous faire pour qu'ils soient tous les deux heureux ?

Enseigner de nouvelles compétences. Différentes voies s'offrent aux parents pour enseigner à leurs enfants les attitudes requises pour vivre harmonieusement ensemble tant en famille qu'à l'extérieur.

Habiletés :	Exemples :
Montrer l'exemple	Je traite mes enfants comme je désire qu'ils se traitent entre eux.
Formation progressive	Le premier jour, je montre au plus grand comment mettre ses jouets hors d'atteinte de son petit frère. Le jour suivant, je l'aide à les mettre tous en hauteur. Puis je l'aide à en mettre quelques-uns en hauteur et je lui laisse faire le reste. Finalement, je lui rappelle simplement de mettre ses jouets en hauteur.
On efface et on recommence !	— Oups. Tu as oublié de demander à Marion si tu pouvais prendre son camion. On efface et on recommence.

Utiliser le parentage STAR pour enseigner les compétences relationnelles

Si je veux vraiment avoir un impact sur un comportement problématique, je me sers du parentage STAR.

1. Je m'arrête et je réfléchis.
2. Je trouve ce dont moi et chacun de mes enfants avons besoin.
3. Je définis une compétence nécessaire à chacun dans la situation donnée.
4. J'agis concrètement en choisissant une première idée, en établissant un plan, et en le mettant en exécution.
5. Après avoir mis en œuvre ce plan pendant quelque temps, j'évalue les résultats et je révise mon approche autant de fois que nécessaire.

Les quatre chapitres qui suivent vous montreront comment utiliser STAR face à quatre défis :

- Le besoin d'appartenance
- Les limites
- Les sentiments
- La résolution des problèmes

Compétence n° 1
Développer le sentiment d'appartenance

Akio, âgé de quatre ans, joue avec son camion. Mio, sa grande sœur de neuf ans, est installée sur le sol en train de dessiner. Régulièrement, Akio lance son camion vers Mio. Patiente, cette dernière demande à son frère d'arrêter et se remet à sa tâche, jusqu'à ce que le camion la heurte si fort

qu'elle en lâche son feutre faisant une grosse marque noire sur son dessin. Mio se retourne et crie :

— Espèce de débile ! Va-t'en !

Sur ces entrefaites, Akio descend se plaindre à sa mère :

— Mio m'a insulté.

Thomas, deux ans et demi, enfonce un doigt dans le ventre de son petit frère. Nathan se met à pleurer. Maman arrive en courant, écarte Thomas du bébé :

— Arrête ça. Tu sais que tu ne dois pas lui faire mal. Tu es puni ! Va dans ta chambre !

Thomas ne bouge pas, sa mère le prend par la main et le conduit de force jusqu'à sa chambre. Thomas pleure :

— Pardon. Pas puni, s'il te plaît, maman.

Et il semble que plus maman envoie Thomas dans sa chambre, plus ce dernier embête son frère.

Ce que les enfants ont besoin de savoir sur l'appartenance

Un des besoins de base de l'être humain est d'appartenir à un groupe. La plupart des comportements des adultes comme des enfants ont pour but de satisfaire ce besoin. Pour les plus jeunes, l'attention qu'on leur porte est un signe d'appartenance. S'ils ne parviennent pas à capter cette attention, ils en déduisent hélas qu'ils n'ont pas leur place parmi les autres, qu'ils ne font pas partie du groupe familial.

« Elle cherche à se faire remarquer, il veut qu'on s'intéresse à lui. » Il est fréquent d'entendre les adultes dénoncer certaines attitudes des petits comme dérivant de ce besoin d'attention. Plutôt que de fustiger ces tentatives de contact, mieux vaut leur enseigner d'une part qu'il est tout à fait naturel de vouloir de l'attention et d'autre part les moyens de l'obtenir de façon plus efficace et appropriée. Il faut aussi leur apprendre à la chercher auprès de différentes personnes, car nous ne sommes pas les seuls à pouvoir nourrir l'appartenance.

Chaque enfant est le bienvenu dans sa famille. Chacun a besoin de se sentir accepté et apprécié en tant que membre de la famille. Ceci est particulièrement vrai lorsqu'un nouveau bébé arrive. L'aîné risque alors de se sentir exclu ou indésirable. Dans sa tête, il peut penser des choses telles que pourquoi s'occupent-ils tellement de ce bébé ? Cela veut probablement dire qu'ils ne veulent plus de moi.

Il est naturel de demander de l'attention. Parfois les enfants croient que ce n'est pas normal de demander de l'attention. Dès lors, ils créent des situations où ils vont en recevoir sans avoir besoin de la demander. Or, dans la plupart des familles, la manière la plus rapide d'en obtenir est de frapper un frère ou une sœur.

L'attention prend différentes formes. Les enfants peuvent demander un câlin ou un bisou. Ils peuvent aussi solliciter de l'aide pour un dessin ou pour construire un château. Ils peuvent simplement exprimer leur désir d'avoir de la compagnie.

Les sources d'attention sont multiples. En plus des parents et des frères et sœurs, les grands-parents, les voisins, et les amis sont autant de ressources. On peut aussi s'attirer les grâces de commerçants ou de passants dans la rue. L'attention aide les enfants à se sentir appartenir.

Le rôle des parents

Que cela convienne ou non aux adultes, les enfants ont besoin d'attention. L'appétit de certains semble inépuisable. Et, aussi étrange que cela puisse paraître, beaucoup préfèrent recevoir une marque d'attention négative (même une fessée) à être ignorés. Quand les parents comprennent cela, ils peuvent intervenir pour satisfaire ce besoin avant que les enfants ne se sentent contraints d'aggraver leurs comportements pour extorquer ce qui leur est nécessaire.

Je mets des mots sur l'affection que je lui porte. Des messages tels que : « Tu es spécial pour moi », « J'aime être avec toi », « Je suis heureuse que tu sois ma fille/mon fils » ou « J'ai plaisir à te voir et à vivre avec toi », disent aux enfants qu'ils appartiennent à la famille. Les enfants ont constamment besoin de ces messages, et encore plus lorsque leur comportement est difficile.

J'accepte cette réalité du besoin. Aux bébés et aux tout-petits, peu importe que le moment ne soit pas bien choisi, il est impératif de leur donner rapidement de l'attention ou de s'arranger pour que quelqu'un d'autre le fasse. Pour les plus âgés, si le besoin lui-même n'est pas négociable, il est possible d'en différer la satisfaction complète et de trouver un moment plus approprié.

C'est moi qui décide de la manière dont je désire que mon enfant me demande de l'attention. Nous l'avons vu, l'attention indique le niveau d'appartenance. Si un enfant a besoin de mon attention, il l'obtiendra. Mon seul choix porte sur la manière dont je désire qu'il me la réclame. Est-ce que je préfère qu'il me demande un câlin ou qu'il frappe sa sœur ? Ce qu'il choisira dépend de moi.

Donner de l'attention aux comportements appropriés. Par exemple, si je veux que ma fille me demande un gros bisou au lieu de tirer les cheveux de sa sœur, mieux vaut arrêter instantanément ce que je suis en train de faire pour le lui donner dès qu'elle formule sa requête.

Donner de l'attention ne prend pas forcément beaucoup de temps et n'est pas forcément compliqué. Il y a toutes sortes de façons de s'y prendre : donner de brèves manifestations d'amour, avoir des gestes d'aide ou de soutien, mais aussi partager des moments, des activités, faire des choses ensemble. Je peux inventer mes idées et les ajouter aux quelque trente idées qui se trouvent dans le tableau ci-dessous.

Trente manières de donner de l'attention

Brèves manifestations d'amour	**Gestes d'aide et de soutien**
Faire un câlin Chantonner tendrement Souffler un bisou Saupoudrer de poussière d'amour Passer la main dans les cheveux Caresser le bras Sourire	Remettre une barrette en place Lacer les lacets Épeler un mot Mélanger les cartes Mettre un bloc en équilibre Observer l'enfant un moment Tenir la main
Activités brèves	**Activités qui impliquent**
Lire un livre Donner un bain Faire un grand câlin familial Aider l'enfant à appeler un ami Shooter dans un ballon de foot Faire une partie de cartes Jouer à la balle Préparer une tartine	Faire des gâteaux Planter des fleurs Aller au parc Créer une robe pour une poupée Réparer des jouets Peindre une chambre d'adolescent Faire une fête Aller ramasser des châtaignes

Utiliser le parentage STAR : Appartenance pour Thomas

Revenons au petit Thomas qui enfonçait son doigt dans l'estomac de son frère. Parcourons le processus de parentage STAR en écoutant réfléchir sa mère, Stéphanie :

Stop et mise au point. « Thomas a à peine deux ans et demi. Avant, il avait toute mon attention, mais maintenant que Nathan est là, il en reçoit nettement moins, forcément. Et je le reconnais, dès qu'il embête Nathan, j'accours. Il reçoit donc mon attention quand il asticote son petit frère. En y réfléchissant, si Thomas voulait vraiment lui faire mal, il le pourrait, pourtant il se contente de le faire pleurer un peu. Probablement juste ce qu'il faut pour que j'arrive. Il a donc besoin de davantage d'attention pour nourrir son sentiment d'appartenance. »

Trouver des idées.

- *Éviter le conflit.* Je peux éviter que Thomas ne frappe son frère en ne les laissant pas ensemble.
- *Remarquer et valoriser les comportements positifs.* Je peux dire par exemple « J'ai remarqué que tu as caressé le bras de Nathan. Il a apprécié. Tu as vu comment il t'a souri ? »
- *Décider de la manière dont je veux que l'enfant demande.* Je pourrais dire : « Thomas, si tu as besoin de moi, dis "câlin" et j'arrêterai ce que je fais pour t'en faire un. »
- *Proposer un choix entre deux options.* Par exemple : « Thomas, quand tu veux de l'attention, tu peux me demander à venir sur mes genoux ou me montrer quelque chose. »

• *Montrer l'exemple.* « Thomas, est-ce que je peux avoir un gros bisou ? »

• *Réduire les conflits en lui donnant de l'attention régulièrement chaque jour.* Par exemple : « Quand Nathan fera sa sieste, nous passerons un moment spécial tous les deux. Je réglerai la minuterie sur vingt minutes, et nous pourrons faire tout ce que tu veux pendant ce temps-là. »

• *Reconnaître sa frustration.* Je pourrais dire : « C'est frustrant de devoir me partager avec Nathan. »

• *Reconnaître son sentiment d'être mis de côté.* « Quand je m'occupe de Nathan, parfois, tu te sens mis de côté, non ? »

• *Clarifier les limites.* « Touche délicatement. Tu as le droit de vouloir être avec moi, mais ce n'est pas une raison pour embêter Nathan. »

• *Énoncer une conséquence.* « Touche délicatement. Si tu fais pleurer Nathan, je le prendrai dans mes bras et je quitterai la pièce. »

Agir concrètement. Les punitions ne fonctionnent pas, je vais tenter une autre approche. Je vais commencer par enseigner à Thomas à demander directement. Je veux qu'il réclame un câlin plutôt que d'agresser son frère. Donc, dès qu'il me sollicitera, je lâcherai ce que je serai en train de faire pour le câliner. De plus, pendant que je mettrai cette option en œuvre, je serai attentive à ne pas laisser les enfants ensemble sans surveillance.

Revoir et corriger. Je tente cette approche pendant une semaine. Si je constate une amélioration, je continue. Sinon, après l'avoir prévenu, j'appliquerai les conséquences. Dès qu'il fera mal à Nathan, je prendrai ce dernier dans mes bras en me détournant de Thomas.

Utiliser le parentage STAR : De la compagnie pour Akio

En utilisant le parentage STAR, Tomiko, la mère du petit Akio, pourrait voir le défi de cette manière :

Stop et mise au point. Si je me souviens bien, ce comportement énervant a augmenté depuis que Mio, sa sœur aînée, est entrée à l'école. Lorsque cette dernière rentre à la maison, elle a envie d'être un peu seule. Tandis qu'Akio, lui, l'a attendue toute la journée, il a envie de jouer.

Trouver des idées. Suivons Tomiko dans son exploration des options :

• *Éviter les conflits.* Je pourrais jouer avec Akio moi-même au moment où Mio rentre à la maison.

• *Refléter les sentiments d'Akio.* « C'est frustrant d'attendre toute la journée que Mio rentre enfin de l'école et de ne pas pouvoir jouer avec elle quand elle arrive. »

• *Enseigner à Akio à proposer des choix à sa sœur.* « Si tu demandes à Mio de jouer avec toi, elle dira probablement non. Mais elle acceptera peut-être si tu lui proposes un choix. Tu peux lui demander si elle préfère lire un livre ou jouer avec les figurines. »

• *Proposer un choix entre deux options à Akio.* « Tu peux inviter ton ami Paul à la maison ou appeler grand-mère. »

• *Récompenser Akio.* « Tu as demandé à Mio si elle voulait bien jouer avec toi. Voici une carte avec une étoile dessus. Lorsque tu auras dix étoiles, nous pourrons faire… (je trouverai alors une activité qu'il adore). »

• *Donner l'exemple :* « Akio, j'aimerais passer du temps avec toi. Est-ce qu'on peut jouer au ballon ensemble ? »

• *Rappeler la règle et trouver les moyens de la mettre en œuvre.* Notre règle est : « Chacun respecte les besoins des autres. » Dans le cas présent, nous pourrions mettre le minuteur et dire qu'Akio laisse sa sœur tranquille pendant quinze minutes. Après quoi Mio jouerait avec lui pendant quinze autres minutes. Je vais proposer cela.

• *Enseigner à Akio qu'il existe plusieurs manières d'obtenir satisfaction de ses besoins.* Assis tous deux devant une grande feuille de papier, Tomiko peut lister avec son fils les différentes possibilités qui s'offrent à lui pour satisfaire son besoin de compagnie : jouer avec Mio, mais aussi appeler mamie, jouer avec Paul le voisin, aider maman.

Agir concrètement. Je veux qu'Akio sache que ses besoins sont importants et que ceux de Mio le sont aussi. Je désire qu'il fasse une demande à Mio quand il veut qu'elle joue avec lui, puis qu'il respecte sa décision. Je reconnaîtrai ses émotions, et le récompenserai lorsqu'il attendra.

Revoir et corriger. Si cela ne fonctionne pas, j'essayerai de lui proposer des choix ou de jouer moi-même avec lui.

En quelques mots : ce dont il est judicieux de se souvenir

Le quotidien avec des petits peut être épuisant tant émotionnellement que physiquement. Prendre soin de soi est fondamental pour pouvoir bien s'occuper d'eux.

Prendre soin de ses besoins de base. Dormir suffisamment, prendre de vrais repas, c'est parfois compliqué, mais c'est essentiel. Il est très difficile de donner de l'attention aux enfants en étant fatigué(e) ou en ayant faim.

Faire régulièrement de l'exercice physique. La mobilisation corporelle aide à réduire les sentiments de colère et de frustration et agit sur l'endurance. Avec suffisamment de sommeil et d'exercice, il est bien plus facile d'être patient.

Quelques idées :

- Mettre une vidéo et faire de l'aérobic avec les enfants.
- Aller faire une petite balade lorsque mon/ma conjoint(e) rentre à la maison.
- M'arranger pour qu'un(e) de mes ami(e)s s'occupe de mes enfants pendant que je vais à un cours de gym.

Faire des pauses. Tout le monde a besoin d'un peu de temps pour soi pour faire quelque chose d'agréable et ressourçant.

- Lire un livre.

- Prendre un bain rien que pour le plaisir.
- Travailler sur un projet.
- Jouer d'un instrument de musique.
- Jardiner.
- Cuisiner quelque chose de spécial.

Quand les enfants sont jeunes, il est souvent dur de trouver le temps de faire une pause. Ci-dessous, quelques idées pour trouver du temps :

- Rejoindre un groupe de parents qui s'organise pour des gardes à tour de rôle.
- Engager quelqu'un pour jouer avec les enfants pendant que je fais autre chose tranquillement chez moi.
- Emporter un pique-nique au travail et prendre plaisir à me trouver seule pendant l'heure du repas.
- Demander à une amie de s'occuper de mes enfants le temps de me relaxer.

Dans ce chapitre, nous avons vu le besoin d'appartenance. Tout le monde a besoin d'éprouver ce sentiment. Nous nous sentons appartenir lorsque nous recevons de l'attention et de la reconnaissance. La responsabilité d'un parent est d'aider l'enfant à développer sa capacité à obtenir l'attention dont il a besoin de manière constructive.

Compétence n° 2
Explorer limites et frontières

Rosa, trois ans et demi, pose son jouet. Immédiatement, Maria, sa petite sœur de deux ans, s'en empare. Rosa hurle :

— Rends-le-moi.

Maria l'ignore… Une énième bataille vient de débuter.

Camille, dix ans, est fatiguée de lire, fatiguée de dessiner, de faire des colliers, de regarder la télé et de faire ses devoirs. Elle n'a pas envie de ranger sa chambre, ni d'aider sa mère. Elle regarde Léo, son petit frère de quatre ans, construire une grande tour de cubes. Camille ramasse son livre et se dirige vers la porte. Passant près de son frère, le livre lui glisse des mains et détruit la construction, déclenchant les cris de Léo :

— Tu as cassé ma tour ! Espèce d'idiote !

— J'ai pas fait exprès ! lui rétorque Camille d'un ton suffisant.

Yoan, neuf ans, regarde une vidéo tranquillement assis sur le canapé. Érica, quatre ans, s'approche de lui et commence à l'asticoter en lui chatouillant les pieds. Quand il lui demande d'arrêter, elle rigole et continue. Yoan s'assoit alors sur ses pieds pour les cacher. Érica tente de le pousser, perd l'équilibre, tombe du canapé et se cogne la tête.

Depuis sa naissance, le bébé apprend les limites. N'obtenant plus sa nourriture de manière automatique comme dans le ventre de sa mère, elle a besoin de la réclamer. Elle découvre peu à peu ce qui est elle et ce qui ne l'est pas. Ces mains qui s'agitent devant son visage sont les siennes. Elle apprend à les contrôler. Toute cette exploration conduit l'enfant à prendre conscience de ses frontières et de celles des autres. Protéger ses propres limites de manière saine et respecter celles des autres lui seront des compétences essentielles pour agir de manière responsable.

Ce que les enfants doivent savoir sur les limites

Tout d'abord, les enfants ont besoin de savoir ce sur quoi ils ont le contrôle et ce sur quoi ils ne l'ont pas. Cela nous paraît évident, mais cela ne l'est pas encore pour les petits. Ils doivent aussi comprendre qu'il existe différentes sortes de limites et, plus complexe encore, qu'elles sont susceptibles de changer au fil du temps. Ils ont à acquérir la conscience de leurs propres frontières et savoir qu'ils en sont responsables. S'ils ne savent pas les faire respecter, les conflits dégénéreront rapidement en disputes plus ou moins violentes.

Certaines choses sont à moi, d'autres ne sont pas à moi. Depuis la perspective d'un enfant, dans le monde, les choses peuvent se classer en trois catégories.

Toujours à moi. Personne d'autre ne s'en sert : tétine, chaussures, vêtements, certains jouets ou doudou.

Pas à moi. Ces choses appartiennent à quelqu'un d'autre : Les chaussures de papa, les lunettes de maman, le livre de papa, le sac de maman, le téléphone, la poupée de Marion, le camion de Paul. On demande la permission pour s'en servir.

En partie à moi. Ce que je peux utiliser sans demander et auxquels, cependant, d'autres personnes ont aussi accès. Par exemple, je suis en partie propriétaire du canapé, de la télévision, de grand-mère, et des parents.

Les limites changent. Elles évoluent au fur et à mesure. Par exemple, lorsqu'un enfant vient au monde, il pense que papa et maman sont « toujours à moi ». Il n'a pas à les partager. Mais lorsqu'un frère ou une sœur vient à naître, il découvre que ses parents ne sont plus tout à lui. C'est souvent très difficile à vivre.

Les limites varient aussi en fonction de la personne. Rosa ne veut pas que sa sœur Maria joue avec sa poupée, mais permet volontiers à sa grand-mère de bercer cette dernière dans ses bras.

Les enfants ont le contrôle de leurs propres frontières. On peut enseigner même aux plus petits que leurs frontières sont comme un grillage avec une porte. Ils peuvent décider qui peut ou ne peut pas y entrer. Par exemple, si quelqu'un veut les chatouiller ou leur prendre un jouet, ils ont le droit et la responsabilité de dire soit oui soit non.

Les gens ont plusieurs sortes de limites. Lorsque les enfants sont petits, ils sont particulièrement concernés par leurs frontières corporelles ainsi que par les objets qu'ils possèdent. Quand ils grandissent, les questions de limites s'étendent à l'espace, aux pensées et au temps.

Le respect des limites

Aborder les enfants de manière respectueuse leur enseigne la conscience de leurs limites et leur fournit un modèle pour respecter celles des autres.

Limite concernant	Irrespectueux	Respectueux
L'espace corporel	Câliner un enfant qui y rechigne.	Demander : « Est-ce que je peux te faire un câlin ? »
Les possessions	Donner les anciennes bottes de Zack à sa petite sœur sans le lui demander.	Demander et respecter la réponse. « Est-ce qu'Émilie peut porter tes anciennes bottes rouges ? »
L'espace vital	Lire une bande dessinée par-dessus l'épaule d'un enfant.	Demander : « Je peux lire la BD avec toi ? »
Les pensées et les émotions	Se moquer des émotions d'un enfant : « Regarde le pleurnichard. »	Accepter les émotions sans tenter de les changer : «Ça doit faire mal. »
Temps	Dire à votre amie que votre fille sera ravie de faire du babysitting.	Dire : « Je pense que Sara est libre pour faire du babysitting. Appelle-la et demande-lui si cela l'intéresse. »

Il y a une différence entre « dire » et « rapporter ». Les enfants accourent souvent vers leurs parents lorsqu'un autre les embête. S'il est utile de ne pas les encourager à rapporter, il est important qu'ils continuent à demander de l'aide. Rapporter, c'est dénoncer, accuser les autres et attendre que les adultes fassent le travail. Dire, c'est parler de soi, rester centré sur son besoin de protection. La différence entre parler et rapporter est subtile. *Telling isn't Tattling*, par Kathryn Hammerseng (voir la bibliographie), l'exprime de cette manière :

Rapporter. Les enfants rapportent quand ils…

• cherchent de l'attention

• dénigrent quelqu'un

• demandent de l'aide avant d'avoir essayé de régler le problème par eux-mêmes.

Dire. Les enfants disent quand ils…

• ont besoin de protection pour eux-mêmes ou pour quelqu'un d'autre

• veulent protéger leurs affaires (les leurs ou celles des autres)

• se sentent apeurés ou en danger.

Il est évident que les enfants doivent être encouragés à tenter de résoudre leurs problèmes par eux-mêmes et à ne demander de l'aide que lorsqu'ils n'y arrivent pas.

Les habiletés pour maintenir les limites

Les enfants peuvent poser leurs limites en les exprimant clairement, en se déplaçant ou en créant des barrières, en résolvant les problèmes avec les autres, ou en demandant de l'aide.

Clarifier leurs limites. Les enfants ont besoin d'apprendre les mots justes pour faire respecter leurs frontières. Par exemple :

- « Ne me frappe pas. Ça fait mal. »
- « Je n'ai pas fini de jouer avec… »
- « Ne lis pas par-dessus mon épaule, j'ai besoin d'espace. Je te donnerai le journal quand j'aurai fini de le lire. »
- « Demande-moi avant de dire à quelqu'un que je vais faire quelque chose. Je peux avoir d'autres projets. »

Se déplacer ou déplacer ses affaires. Si une enfant ne veut pas que quelqu'un la touche, elle peut partir. Si elle veut dessiner sans que son cadet vienne gribouiller sur son papier, elle peut se mettre sur une table. Si elle veut jouer aux Légo® et que le plus petit veut y toucher, elle peut s'abriter dans le parc pour bébé ou derrière une barrière de sécurité pour monter sa construction.

Essayer de résoudre le problème. Si un enfant est ignoré alors qu'il a spécifié son désaccord, découvrir ce que veut la personne qui l'embête lui sera d'une grande utilité. Il peut le demander directement ou émettre des hypothèses.

Exemple de question directe : « Je t'ai demandé d'arrêter de me taper et tu continues. Qu'est-ce que tu veux ? » La réponse peut être n'importe quoi. L'autre enfant peut vouloir qu'il change d'endroit ou qu'il joue avec elle. Lorsqu'il le découvre, il peut décider ce qu'il va faire après. Même si la personne ne veut pas répondre, ça ne fait jamais de mal de demander.

Émettre une hypothèse. On peut suggérer une hypothèse réaliste ou bien imaginer quelque chose de délirant. Le but est d'entamer la discussion. Par exemple : « Je t'ai demandé d'arrêter de me taper et tu continues. Ça doit vouloir dire que tu as envie que je te chatouille. Je vais compter jusqu'à trois puis je commencerai. » Si l'autre enfant désire de l'attention, de gentilles chatouilles feront l'affaire. S'il s'agit d'autre chose, elle le dira peut-être. Encore une fois, le but est d'entamer la discussion pour entrer dans le processus de résolution du problème.

Obtenir de l'aide. Une enfant qui ne parvient pas à stopper un autre qui lui fait du mal ou malmène ses affaires doit avoir conscience de ses options pour recevoir de l'aide. Elle peut trouver de l'assistance en allant chercher ou en appelant quelqu'un, expliquer la nature du problème, ce qu'elle a fait pour tenter de le résoudre et ce dont elle a besoin. Souvenons-nous que personne ne mérite d'être blessé.

Par exemple, Émilie pourrait dire : « J'étais assise sur le canapé en train de regarder la télé, Stéphane est venu m'embêter. Je lui ai demandé d'arrêter, mais il n'a pas voulu. Alors je suis allée m'asseoir par terre. Il a continué. J'ai été me mettre de l'autre côté de la pièce, mais il m'a suivie. Je veux pouvoir regarder la télévision sans être embêtée. »

Avoir à l'esprit ces quelques idées sur ce que les enfants ont besoin de savoir sur les limites permet de les aider plus facilement à appliquer leurs habiletés aux situations réelles.

Le rôle des parents

Respecter les frontières de nos enfants. Et insister aussi auprès des autres. Cela consiste par exemple à laisser partir une enfant quand elle nous fait comprendre qu'elle en a assez. Lorsqu'elle dit à son grand-père : « pas de bisous », je peux suggérer à ce dernier qu'il lui en souffle un sur ses doigts plutôt que d'insister pour l'embrasser.

Il est important de respecter l'espace corporel de l'enfant autant que possible. Comment faire chez le médecin quand il refuse une piqûre ? Après lui avoir expliqué que la santé et la sécurité passent devant les préférences personnelles, nous pouvons lui proposer un choix tel que : « Est-ce que tu préfères me tenir la main ou t'asseoir sur mes genoux ? » Cela l'aidera à surmonter sa peur. Choisir entre deux options lui permettra de se sentir respecté et intègre parce qu'il aura décidé pour lui-même.

Donner l'exemple de limites clairement posées. Si son bambin de deux ans la frappe au visage, après lui avoir dit : « Doucement », la maman peut l'éloigner pour qu'il ne puisse plus l'atteindre. S'il attrape les lunettes de son père, ce dernier énonce tranquillement : « Ce sont les lunettes de papa », et se met debout pour qu'il ne puisse plus les attraper. Si Daphné, cinq ans, veut jouer avec le sac à main de sa mère, cette dernière peut le ranger dans sa chambre et fermer la porte.

Créer et renforcer les règles familiales sur les limites. Voici quelques règles qui peuvent être mises en place :

- On s'arrête quand quelqu'un dit « stop ».
- On frappe avant d'entrer dans la chambre de quelqu'un.
- On demande la permission avant d'utiliser quelque chose qui appartient à un autre.
- Chacun est responsable de ce que fait son corps, exprès ou non.

• On respecte le besoin d'espace des autres.

Il est utile de veiller à ce que les enfants respectent mutuellement leurs frontières. Au début, on peut le leur rappeler. Puis, si cela ne suffit pas, il est utile de faire suivre la transgression de conséquences.

Par exemple, si Léo dit : « Arrête de me chatouiller », et que Camille continue, Papa peut dire : « Camille, Léo t'a dit stop, il veut que tu arrêtes, dans cette famille nous respectons les limites personnelles. » Si Camille ne s'interrompt pas à ces mots, Papa s'interposera physiquement entre les enfants.

Clarifier ce qui appartient à l'enfant et ce qui est pour toute la famille. La colère survient souvent lorsque les enfants sont forcés de partager des choses qu'ils pensaient n'appartenir qu'à eux. Vous pouvez entourer les objets que vos enfants peuvent choisir de partager ou non :

Nouveau livre	Poupée ou vieux jouet	Tricycle ou vélo
Pull rouge	Bonbons d'Halloween	Crayons ou gommes
Nourriture dans l'assiette	Équipement de sport	Chapeaux
Cubes	Lit d'appoint pour les amis	Livre de « quand il était petit »

Développer un système pour passer les objets de l'un à l'autre. Dans certaines familles, les enfants font le tri dans leurs affaires chaque été et donnent aux plus petits les affaires qui ne leur vont plus. D'autres font ça à chaque anniversaire. Toutes les approches conviennent du moment que l'enfant participe à la décision de donner.

Garantir les frontières des plus petits. Avec un très jeune enfant (moins de trois ans), il nous appartient encore de contrôler les limites. Ce faisant, nous lui enseignons les règles familiales et lui montrons en exemple différentes manières de gérer les situations. Plus tard, il nous imitera.

Dès qu'il est à la maternelle, il est possible d'agir davantage comme coach et de nous impliquer de moins en moins dans l'exécution. Accompagnant l'enfant dans la situation difficile, nous pouvons lui faire des propositions de mots ou d'idées, c'est lui qui les mettra en œuvre. Nous pouvons aussi lui demander de rejouer le conflit depuis le début d'une manière plus constructive.

Il est en âge d'aller à l'école primaire ? La gestion de ses conflits de frontières peut désormais lui être confiée en totalité. Nous nous contentons de lui rappeler les habiletés, les techniques et nous agissons comme personne-ressource ou comme consultant(e).

S'il rencontre des problèmes, avant de le conseiller, nous lui demandons d'abord ce qu'il a essayé. Cependant, souvenons-nous que la sécurité d'un enfant, quel que soit son âge, est toujours de la responsabilité des parents.

Utiliser le parentage STAR :
Pour Maria et Rosa : Limites et frontières

Voyons la mise en place du parentage STAR avec Elena, la mère de ces deux petites filles, Maria et Rosa, qui se disputent autour d'un jouet.

Stop et mise au point. Maria et Rosa sont encore petites. Elles commencent tout juste à apprendre les droits de propriété. Je dois les protéger pendant que je leur enseigne ces notions. Mon objectif en termes d'éducation est que Maria attende d'avoir la permission avant de prendre un objet appartenant à autrui, et que Rosa permette occasionnellement à Maria d'utiliser ses affaires.

Trouver des idées.

• *Éviter les problèmes.* Je peux donner une autre poupée à Maria.

• *Réduire la tension.* Je peux m'occuper de moi, faire en sorte d'être suffisamment reposée pour pouvoir rester patiente et attentive en tant que parent.

• *Avancer à petits pas.* Tout d'abord, je voudrais que Maria apprenne à demander avant d'utiliser un objet. Ensuite, je m'occuperai de l'aider à attendre.

• *Remarquer et décrire le comportement de Maria quand elle demande la permission.* Je vais lui dire : « Maria, j'ai remarqué que tu as demandé à Rosa si tu pouvais utiliser sa poupée. » Lui dire que j'ai remarqué est déjà un renforcement, je n'ai même pas besoin de la féliciter. Ce serait une autre idée.

• *Remarquer les améliorations du comportement de Rosa.* Je peux dire : « Rosa, c'était adorable de ta part de laisser Maria prendre ta poupée une minute. »

• *Reconnaître les sentiments de Maria.* Je peux dire sur un ton compatissant et respectueux, comme si je partageais son vécu : « C'est pas drôle de ne pas pouvoir jouer avec la poupée de Rosa, tu te sens vraiment frustrée. »

• *Rappeler la règle.* « On demande la permission avant d'utiliser le jouet de quelqu'un d'autre. »

• *Clarifier les limites.* « Si tu prends la poupée de Rosa sans sa permission, je la lui rendrai. »

• *Agir concrètement.* Je prendrai la poupée des mains de Maria pour la rendre à Rosa.

• *Proposer un choix entre deux options.* « Cette poupée appartient à Rosa. Tu peux soit attendre qu'elle te laisse jouer avec, soit venir jouer avec moi. »

• *Enseigner à échanger.* « Rosa, lorsque Maria attrape ta poupée, tu peux prendre quelque chose d'autre que tu penses qu'elle appréciera et l'échanger contre ta poupée. Si tu as besoin d'idées, viens me demander. »

• *Montrer l'exemple en proposant moi-même autre chose en échange dans une situation qui l'implique.* Lorsque Rosa utilisera mon stylo, j'en profiterai pour lui dire clairement : « Rosa, c'est le mien. Je vais t'en chercher un autre. »

Agir concrètement. Premièrement, je veux que Maria sache qu'il y a des choses qui ne sont pas à elle. Elle doit demander la permission de les prendre puis respecter la réponse. Je lui rappellerai nos règles familiales et dès que je l'entendrai demander quelque chose à sa sœur ou à quelqu'un d'autre, je le remarquerai et lui signifierai mon admiration.

Revoir et corriger. Je ne dois pas oublier qu'apprendre à respecter les limites et frontières est un processus qui prend du temps. Si mon premier plan ne fonctionne pas, je serai attentive à donner l'exemple et à trouver des occasions de montrer comment on demande quelque chose. Et je pourrais aussi utiliser l'habileté « proposer deux options au choix ».

Utiliser le parentage STAR : Limites et frontières pour Léo et Camille

Le père de Camille et Léo utilise le parentage STAR pour leur enseigner des compétences croisées et complémentaires.

Stop et mise au point. Camille a délibérément détruit la tour de Léo. Il faut qu'elle apprenne à respecter les frontières des autres même si elle s'ennuie. De son côté, Léo doit apprendre à gérer la provocation.

Trouver des idées. Il me faut des idées pour chacun :

À Camille, je peux :

• *Proposer un choix entre deux options.* « Camille, tu dois respecter l'espace de Léo. Si tu es agitée, tu peux trouver toi-même quelque chose à faire ou me demander des idées. »

• *Clarifier les limites.* « Je comprends que tu t'ennuies, mais tu n'as pas le droit de détruire la tour de Léo. »

• *Clarifier une règle familiale.* Je vais rappeler la règle à Camille : « Tu es responsable de ce que fait ton corps, que ce soit exprès ou non. »

• *Établir des conséquences.* « Si tu abîmes quelque chose, tu répares au mieux que tu peux. »

Dans le cas présent, Camille peut aider Léo à reconstruire sa tour.

• *Remarquer les améliorations.* Je serai attentif à Camille, et lorsque je constaterai qu'elle ne viole pas les frontières de Léo malgré son envie, je lui soulignerai que je l'ai vu : « J'ai remarqué que tu as géré tes émotions sans embêter Léo. »

• *Récompenser les bons comportements.* « Si tu arrives à te contrôler suffisamment pour rester hors de l'espace personnel de Léo tout l'après-midi et la soirée, tu auras le droit d'aller te coucher une demi-heure plus tard. »

Quant à Léo, je peux :

• *L'aider à éviter que le problème ne se pose.* Je peux lui suggérer de monter sa construction dans un coin de la pièce plutôt que près de la porte.

• *Reconnaître ses sentiments :* « Tu dois te sentir en colère que ta tour soit détruite. »

• *Utiliser l'imaginaire.* Pour l'aider à se redresser face à cette épreuve, je peux par exemple lui dire : « Ce serait super d'avoir un champ de force magique. Quoi que fasse Camille, elle ne pourrait pas détruire tes constructions. »

• *Lui enseigner à oser affronter Camille pour résoudre le conflit.* Quand Camille le provoque, je peux suggérer à Léo qu'il lui décrive calmement ce qu'elle a fait puis ce qu'il voudrait qu'elle fasse. Par exemple, il pourrait dire : « Camille, tu as détruit ma tour. Tu n'aimes pas quand je mets le bazar dans tes affaires. Je veux que tu t'excuses. »

• *Remarquer le comportement approprié.* « Léo, j'ai remarqué avec quel calme tu as demandé à Camille de s'excuser. »

Agir concrètement. J'ai deux problèmes. Camille doit agir de façon responsable, et Léo ferait mieux de répondre plus sagement. Je pense que je vais commencer par demander à Camille d'aider Léo à reconstruire sa tour.

Revoir et corriger. Si les choses ne vont pas mieux dans une semaine, je mettrai en place un système pour récompenser Camille chaque fois qu'elle respectera les frontières d'autrui et surtout de son frère. Et j'enseignerai à Léo à résoudre ses conflits avec Camille.

Utiliser le parentage STAR : Limites et frontières pour Yoan et Érica

Stop et mise au point. Yoan a respecté les frontières, mais pas Érica. Je veux reconnaître ses efforts et enseigner à ma fille à respecter le corps des autres.

Trouver des idées.

- *Éviter les problèmes.* Je peux occuper Érica dans une autre pièce.
- *Décrire et manifester votre admiration.* « Yoan, j'ai observé que tu as essayé deux manières de garder tes pieds à l'abri. C'était intelligent de ta part. »
- *Changer l'environnement.* Je peux déplacer la télévision pour qu'il puisse la regarder tranquillement.
- *Réduire les tensions.* Je peux emmener Érica jouer dehors pour réduire son niveau d'énergie avant que son frère ne rentre à la maison.
- *Clarifier les limites.* « Érica, dans cette famille nous respectons les frontières personnelles. Tu ne continues pas à embêter quelqu'un quand il dit stop. »
- *Établir des conséquences.* « Si tu continues à embêter Yoan quand il t'a demandé d'arrêter, tu devras lui rendre un service. »
- *Remarquer le bon comportement d'Érica.* « Tu as arrêté d'embêter Yoan dès qu'il te l'a demandé, j'ai vu ça ! »

• *Récompenser le bon comportement.* « Érica, aujourd'hui je te propose d'apprendre à t'arrêter. Quand tu le laisses tranquille dès que Yoan te le demande, viens me le dire, je te donnerai une étoile. À cinq étoiles, nous ferons ensemble un gâteau pour le dessert ! »

Le lendemain, j'irai un cran plus loin, je la récompenserai quand elle s'arrêtera avant même que Yoan ne le lui dise.

• *Donner l'exemple du comportement désiré.* Je pourrais chatouiller Érica et m'arrêter immédiatement lorsqu'elle me dira stop. Je n'oublierai pas de commenter à haute voix : « Tu as dit stop et je me suis arrêté(e) immédiatement. »

• *Reconnaître les sentiments de Yoan.* « C'est frustrant d'être embêté alors que tu regardes tranquillement la télévision. »

• *Enseigner d'autres habiletés relationnelles à Yoan.* Je peux lui suggérer de demander à Érica ce qu'elle veut. Par exemple : « Érica, je t'ai demandé d'arrêter. Quand c'est moi qui te chatouille, tu veux que j'arrête. Pourquoi tu m'embêtes ? Qu'est-ce que tu cherches exactement ? »

Agir concrètement. J'observe attentivement, je date le comportement et je réfléchis à la situation. Érica ennuie Yoan de plus en plus souvent. Je veux que ce comportement cesse rapidement. À chaque fois qu'elle ignorera sa demande d'arrêter, je lui dirai de rendre un service à Yoan : de mettre la table à sa place. Je ferai aussi attention aux moments où je l'entendrai arrêter dès la première demande et je soulignerai ce progrès en décrivant ce que j'aurai vu. J'encouragerai Yoan en remarquant à haute voix chaque fois que je le verrai utiliser une des stratégies positives qu'il aura apprises.

Revoir et corriger. J'essayerai cette approche pendant cinq jours. Si le comportement d'Érica continue, pour l'encourager et soutenir un changement, je tenterai de récompenser le moindre effort qu'elle fournira pour s'arrêter. J'enseignerai aussi à Yoan d'autres manières de répondre à la provocation.

En quelques mots : ce dont il est judicieux de se souvenir

Une des meilleures façons d'aider les enfants à comprendre leurs frontières est d'être très clair(e) à propos des nôtres.

Si nous avons du mal à maintenir nos propres frontières, il nous faut découvrir pourquoi, nous

pouvons trouver quelqu'un pour nous y aider. Nous pouvons en parler avec un ami, un proche ou un professionnel. Il se peut que nos limites aient été ignorées lorsque nous étions enfant. Ou bien que nous soyons trop fatigué(e) pour réagir. Ou encore que nous ne sachions pas quoi faire. Les directives présentées ici sont utiles pour les parents comme pour les enfants.

Quand les enfants grandissent, l'approche change. Quand ils sont très jeunes, nous l'avons vu, nous défendons leurs frontières pour eux. Puis nous agissons comme coach, leur proposant des expressions ou des stratégies à utiliser. Nous nous retirons peu à peu dans le rôle de consultant. En continuant à protéger leurs limites à leur place, nous risquerions de les rendre dépendants de nous pour affronter leurs conflits au lieu de les aider à développer leurs propres compétences.

Signaler cinq personnes à qui il peut demander de l'aide. Il a besoin de savoir vers qui il peut se tourner si nous, parents, sommes partis ou ne répondons pas. Nous choisirons des personnes qui se mettront à son écoute sans le juger et seront susceptibles de lui fournir de l'aide. Ce peut être une tante, un oncle, un grand-parent, un voisin, le parent d'un ami, un professeur de l'école… Ce seront des personnes-ressource pour faire face aux difficultés en général comme pour celles plus spécifiques entre frères et sœurs.

Compétence n° 3
Gérer les émotions

— *À moi !*

Martin, deux ans et demi, désigne le camion avec lequel son frère jumeau est en train de jouer. Comme Michael ne le lui donne pas, il s'énerve et le frappe.

— Je veux y aller ! Pourquoi je ne peux pas y aller, moi aussi ? gémit Antoine en regardant Jean-Marc, son grand frère, préparer ses affaires pour aller camper. Je sais, annonce-t-il soudainement, papa peut m'emmener !

Jean-Marc lui réexplique :

— Tu ne peux pas venir camper à moins d'être un membre de la troupe. Papa est un des chefs scouts, il doit y aller.

Alors que Jean-Marc va chercher ses bottes, Antoine subtilise sa lampe de poche. Ne la trouvant pas pour la mettre dans son sac, Jean-Marc va voir sa mère et accuse Antoine de l'avoir prise.

Camille, dix ans, est fatiguée de lire, fatiguée de dessiner, de faire des colliers, de regarder la télé et de faire ses devoirs. Elle n'a pas envie de ranger sa chambre, ni d'aider sa mère. Elle regarde Léo, son petit frère de quatre ans, construire une grande tour de cubes. Camille ramasse son livre et se dirige vers la porte. Passant près de son frère, le livre lui glisse des mains et détruit la construction, déclenchant les cris de Léo :

— Tu as cassé ma tour ! Espèce d'idiote !

— J'ai pas fait exprès ! lui rétorque Camille d'un ton suffisant.

Émotions et sentiments enrichissent la vie. Cependant, avec deux enfants ou plus, ils peuvent aussi la compliquer ! Les situations précédentes illustrent différents sentiments : Martin est envieux, Michael est en colère, Jean-Marc est excité d'aller camper, Antoine est déçu de ne pas pouvoir y aller, Camille s'ennuie, Léo est content puis en colère.

Ce que les enfants ont besoin de savoir sur les émotions et les sentiments

Les enfants ont besoin d'information sur les émotions. Lorsqu'ils les comprennent, ils peuvent commencer à y réagir de manière appropriée. Un bon vocabulaire émotionnel leur est aussi nécessaire pour s'exprimer comme pour identifier plus précisément les sentiments des autres. Petits, ils vivent dans l'instant, ils ne savent pas encore que les émotions changent. Il leur faut aussi connaître la différence entre émotion et action pour ne plus passer à l'acte trop rapidement dès qu'ils éprouvent quelque chose. Il est aussi indispensable d'avoir à leur disposition diverses stratégies pour savoir que faire avec ce qui bouge dans leur corps et leur cœur.

Un vocabulaire émotionnel. Les enfants ont besoin de mots pour pouvoir décrire leurs émotions et sentiments ainsi que ceux des autres. Il leur en faut pour les sentiments agréables (heureux, excité), comme pour les désagréables (en colère, frustré, je m'ennuie). Leur sera utile aussi tout un éventail de mots pour décrire la gradation de leur vécu du calme à l'intense. Par exemple : hésitant/effrayé/pétrifié ; content/heureux/transporté de joie ; ou encore, embêté/énervé/furieux. Quand on peut nommer ses émotions, on peut y penser plus efficacement.

Les émotions ne sont ni bonnes ni mauvaises. Elles sont des informations. Elles disent qu'un endroit est neutre ou dangereux, qu'une personne est bien ou mal intentionnée, qu'une activité est drôle ou périlleuse.

Lorsque nous nions une émotion (« ne sois pas en colère contre oncle Max, tu sais bien qu'il ne voulait pas te faire mal ») ou ne la prenons pas au sérieux (« N'en fais pas toute une histoire, ce n'est qu'une toute petite égratignure »), nous enseignons à l'enfant à ne pas faire confiance en ce qu'il éprouve. Or, lorsqu'un enfant n'est plus sûr de ce qu'il ressent, il perd la capacité de se comprendre lui-même.

Les sentiments changent. Les enfants vivent surtout au présent. Martin avait peur que ce ne soit jamais son tour de jouer avec le camion. Antoine était déçu de devoir rester à la maison. Lorsque les enfants se sentent en colère ou seuls, ils pensent que cela durera pour toujours. Lorsqu'ils se rendent compte que les sentiments changent, ils peuvent commencer à contrôler leurs émotions.

Sentiment et action sont différents et à séparer. Les sentiments sont à l'intérieur du corps. Les actions sont à l'extérieur. Agir, c'est dire ou faire. Quand Martin s'est senti en colère, il a frappé Michael. Il aurait pu choisir une autre action : taper du pied par terre ou appeler son père pour obtenir de l'aide. Une émotion n'entraîne pas obligatoirement telle ou telle action, il y a bien des manières de réagir. Plus l'enfant a d'options à sa disposition, plus il a de contrôle sur lui-même.

Il existe de nombreuses façons d'exprimer ses sentiments. Certaines sont utiles. D'autres font du mal, comme lorsque Martin a frappé Michael, qu'Antoine a caché la lampe de poche de Jean-Marc ou que Léo a crié sur sa sœur.

Les enfants ont besoin de disposer de différentes ressources, astuces et techniques constructives. Une des plus efficaces, et sans doute prioritaire, est de rétablir le calme en soi. Lorsque les enfants sont très en colère, il leur est difficile de penser aux conséquences de leurs actes. Ils réfléchissent bien plus clairement lorsqu'ils sont calmes. Jetons un œil à la liste suivante pour tenter de trouver ce qui conviendra le mieux à notre fils ou fille.

Bouger Courir sur place Taper du pied Écraser de la pâte à modeler Respirer profondément Lancer une balle	**Faire du bruit** Chanter une chanson endiablée Parler à quelqu'un Écouter de la musique rythmée Écouter de la musique douce	**Penser** Se visualiser dans un endroit tranquille Voir le sentiment en image dans sa tête et imaginer qu'il fond et disparaît Se dire : je suis capable de faire face à ça
Se réconforter Lire un livre Prendre un bain Faire un câlin Appeler un ami	**Créativité** Écrire un poème Faire un dessin Faire du tamtam et des percussions Déchirer des journaux ou de vieux bottins	**Faire de l'humour** Dessiner une image drôle Raconter des blagues Faire des rimes (rigolotes) Souligner le côté humoristique de la situation

Certains trouvent eux-mêmes des astuces pour se calmer. D'autres ont besoin qu'on les leur montre. Une fois qu'un enfant les connaît, il suffit de l'encourager à les utiliser.

Le rôle des parents

Le rôle des parents est de coacher. Observant le comportement des enfants, nous identifions la racine de leurs problèmes ainsi que les compétences dont ils ont besoin pour les résoudre. Ensuite, il nous reste à voir comment les aider à acquérir ces dernières. Différentes voies sont ouvertes :

Utiliser un vocabulaire « émotionnel ». Étiqueter mes propres sentiments et refléter les sentiments de mes enfants leur donnera le vocabulaire pour parler de ce qu'ils ressentent avant d'agir.

Partager mes sentiments. « Ça me contrarie quand vous vous disputez alors que j'essaye d'établir le planning. » Ou « Je suis heureuse que tu aies offert des feutres à ta sœur. »

Refléter leurs sentiments. « Tu étais impatient de jouer avec le camion. » Ou « Tu es déçu de ne pas pouvoir aller camper. »

Faire la différence entre sentiment et comportement. Tous les sentiments sont acceptables, mais les actions qui peuvent faire du mal à quelqu'un ou quelque chose ne le sont pas. Le rappel est utile. Par exemple, à Martin on pourrait dire : « Tu as le droit de te sentir frustré, mais pas de frapper Michael. » Ou encore à Camille : « Il me semble que tu t'ennuies. Tu as besoin de trouver une manière plus appropriée de gérer ton ennui. »

Clarifier les limites. Rappeler aux enfants les règles familiales ainsi que les conséquences. Par exemple : « Touche doucement. Si tu ne peux pas faire doucement, alors tu joues tout seul ou tu devras rendre un service à ceux que tu auras blessés. »

Enseigner des compétences pour gérer les émotions. Lorsque quelqu'un est énervé, il a besoin de techniques pour se calmer comme pour gérer le problème. Dans la section suivante, nous verrons différentes manières de s'occuper des émotions. Les stratégies de résolution de problèmes seront présentées dans le chapitre suivant.

Utiliser le parentage STAR : Gérer la colère de Martin

Stop et mise au point. Mon fils a deux ans et demi. Il commence à peine à s'initier aux compétences relationnelles et sociales. Il a besoin de beaucoup d'aide pour gérer ses émotions. Puisqu'il est très physique, je vais plutôt lui montrer des techniques corporelles. Son objectif actuel de développement étant d'explorer l'univers des émotions, je vais me concentrer là-dessus.

Trouver des idées.

- *Montrer l'exemple.* Lorsque je me sentirai furieux, je dirai à haute voix : « Je suis très en colère, je vais aller me défouler en marchant un peu. Quand je reviendrai, je réfléchirai à ce que je peux faire. »
- *Montrer une technique pour se calmer.* Je vais m'asseoir à côté de Martin et lui montrer comment évacuer sa colère en prenant des respirations profondes.
- *Clarifier la règle.* « Tu as le droit d'être en colère, mais tu as besoin de trouver une autre manière d'obtenir le camion. »
- *Donner le choix entre deux options.* « Martin, lorsque tu veux un jouet, tu peux le demander ou bien essayer de l'échanger. »

• *Refléter ses sentiments.* « Tu es en colère parce que Michael ne veut pas te donner le camion maintenant. »

• *Remarquer et manifester son admiration face aux bons comportements.* Lorsque mon garçon agira de manière appropriée, je lui dirai : « Martin, j'ai remarqué que tu as demandé le camion à Michael. Tu peux être fier de toi. »

• *Éviter les problèmes.* Je peux marcher régulièrement avec Martin avant le dîner pour être sûr qu'il a fait suffisamment d'exercice physique chaque jour.

• *Faire refaire mieux.* La prochaine fois que Martin se met en colère et frappe, je lui dirai : « Oups, tu as oublié de respirer profondément. » Puis je m'assiérai à côté de lui et je prendrai de profondes inspirations avec lui.

Agir concrètement. Paul pourrait décider : « Je pense que je vais d'abord lui enseigner à se calmer avant d'agir. Au début, je m'assiérai à côté de lui pour prendre ensemble de profondes inspirations. Puis j'observerai pour voir s'il utilise la respiration, et le féliciterai s'il le fait. S'il frappe Michael, j'interviendrai et lui demanderai de rejouer la scène avec moi en utilisant les bonnes techniques. »

Revoir et corriger. J'essayerai cette approche pendant cinq jours. Puis je montrerai à Martin une autre façon de se calmer. Je dois aussi penser à Michael et le féliciter de toucher gentiment et d'utiliser des mots, ainsi il ne recommencera pas à frapper pour obtenir de l'attention.

Utiliser le parentage STAR : Gérer la déception d'Antoine

Stop et mise au point. Sarah, la mère d'Antoine, a deviné ce qui s'est passé avec la lampe de poche : Antoine s'énerve encore, mais les choses s'améliorent. Il n'a ni frappé ni cassé quoi que ce soit. Je vais maintenant travailler sur la déception.

Trouver des idées.

• *Refléter les sentiments d'Antoine.* « Tu es très déçu que Jean-Marc parte camper et pas toi. »

• *Clarifier les règles de la famille.* « Je comprends que tu sois déçu, mais tu peux trouver une autre manière d'exprimer tes sentiments que de cacher la lampe de poche de Jean-Marc. »

• *Donner le choix entre deux options.* « Quand tu te sens déçu, au lieu de cacher les affaires des autres, tu peux faire une activité que tu aimes ou bien parler à quelqu'un de ce que tu ressens.

• *Remarquer les améliorations.* « Antoine, j'ai remarqué que tu étais énervé, mais tu t'es souvenu de ne pas frapper. Tu gagnes en maîtrise de toi ! » *Note* : Pour être efficace, mieux vaut éviter de commenter le mauvais comportement au même moment.

• *Éviter que le problème ne se pose.* Je pourrais organiser des activités sympas pour Antoine pour qu'il ne se sente pas aussi déçu.

• *Montrer l'exemple, mettre les mots sur mes propres émotions.* « Je suis triste que papa et Jean-Marc partent camper. Ils vont me manquer. Mais je vais écouter beaucoup de jazz ce week-end parce que papa n'aime pas du tout ça, mais moi j'adore. Le jazz ne l'énervera pas s'il n'est pas là. »

• *Enseigner à Antoine à penser positivement.* « Jean-Marc part camper ce week-end. Tu peux te sentir déçu de ne pas y aller, ou content que nous puissions passer du temps ensemble juste toi et moi. »

• *Rappeler à Antoine qu'il est responsable de ses sentiments.* « Tu peux choisir de rester déçu ou de te sentir heureux. Les sentiments changent naturellement si tu les laisses évoluer. C'est ton choix. »

Agir concrètement. Je peux encourager Antoine à assumer la responsabilité de ses émotions simplement en évitant de prendre les choses en charge à sa place. Je peux commencer par reconnaître ses émotions et partager ce que j'ai moi-même fait dans une situation semblable. Et puis je terminerai en lui rappelant qu'il est seul responsable de ses sentiments.

Revoir et corriger. Le jour suivant, je verrai comment aura évolué la situation. Si Antoine se sent toujours déçu, je clarifierai ses options et lui proposerai de l'aide. « Je vois que tu veux toujours être en colère. Si tu veux changer de sentiment, tu peux me demander des idées. »

Utiliser le parentage STAR :
S'occuper de l'ennui de Camille

Stop et mise au point. Oh elle recommence… Je fais le point. Qu'est-ce que je veux ? Je dois être précise. J'aimerais qu'elle n'embête pas Léo quand elle s'ennuie. Il me faut donc agir pour l'aider à gérer ce sentiment.

Trouver des idées.

- *Refléter ses sentiments.* Elle n'a pas forcément une conscience précise de ce qui se passe en elle ; je vais donc mettre un mot dessus pour l'aider à l'identifier : « Camille, il me semble que tu t'ennuies. »

• *Clarifier les options.* « Soit tu trouves quelque chose de constructif à faire, soit je te trouve quelque chose moi-même. »

• *Donner le choix entre deux options.* « Tu peux exploiter toute cette énergie que tu as pour travailler ou faire une liste de toutes les choses que tu pourrais faire si tu n'éprouvais pas d'ennui. »

• *Clarifier la règle familiale.* « Chacun s'occupe de sa propre détresse sans la reporter sur les autres. »

• *Rappeler une autre règle familiale.* « Tu es responsable de ce que fait ton corps, que ce soit exprès ou non. »

• *Éviter les problèmes.* Je peux inscrire Camille à un cours de natation pour lui permettre d'évacuer son trop-plein d'énergie.

• *Remarquer les changements constructifs.* Quand je la verrai s'intéresser à quelque chose, je commenterai l'intelligence qu'elle aura eue de trouver une nouvelle occupation.

• *Donner l'exemple.* À l'occasion, je dirai à haute voix ce qui se passe en moi pour lui montrer comment je m'occupe de moi quand je m'ennuie : « J'en ai assez de tout ce ménage à faire. J'arrête tout ! Je me mets à ma gym, et je verrai si je me sens mieux après. »

• *Récompenser le progrès.* « Chaque heure pendant laquelle tu trouveras de bonnes façons d'exprimer tes sentiments, je te donnerai une étoile. Quand tu auras dix étoiles, nous irons t'acheter de nouveaux pastels. »

Agir concrètement. Je pense qu'il vaut mieux d'abord que je m'adresse directement à l'ennui et ne dise rien sur son comportement agressif. Parmi toutes ces options, je vais commencer par lui montrer en exemple comment je gère moi-même mon ennui. Je lui rappellerai aussi de gérer ses propres émotions, puis je pourrai lui demander si elle préfère rester à s'ennuyer ou si elle veut se sentir autrement.

Revoir et corriger. Si ce plan ne marche pas, je récompenserai Camille avec des étoiles chaque fois qu'elle exprimera ses sentiments constructivement.

En quelques mots : ce dont il est judicieux de se souvenir

Vérifier l'enjeu du stade de développement. Ajuster nos attentes au stade de développement et au tempérament de l'enfant est un gage de succès. Sinon, tout le monde risque de s'épuiser et de se désespérer devant l'absence d'évolution.

Martin, deux ans et demi, a l'objectif premier de comprendre les émotions. Il a besoin de beaucoup d'aide et de coaching pour séparer ses émotions de ses actions.

Antoine, quatre ans et demi, commence à différencier ce qu'il ressent de ce qu'il fait. Il lui faut davantage de soutien pour arriver à voir comment exprimer ses émotions de façon constructive.

Camille, dix ans, a beaucoup d'habiletés et il suffit de l'encourager à les utiliser.

Mais attention, le développement émotionnel de certains enfants ne correspond pas à leur âge.

Leur laisser la responsabilité de leurs émotions. Les parents sont souvent tentés de minimiser les sentiments de leur enfant, d'arranger les choses ou de trouver des solutions à sa place. Ce n'est pas une aide.

Minimiser : « Ce n'est pas si grave, Camille t'aime vraiment. »

« Ne crie pas, tu peux construire une nouvelle tour. »

Arranger les choses : « Ne pleure pas, je vais t'aider à reconstruire ta tour. »

« Ne sois pas en colère. Tu veux qu'on fasse quelque chose d'amusant juste toi et moi ? »

Maîtriser nos propres émotions. Si l'attitude de nos enfants nous dérange, il est utile de leur dire ce que nous ressentons lorsqu'ils se comportent de la sorte, ne serait-ce que pour leur fournir un modèle d'expression positive de leurs émotions. Leur conduite ne changera peut-être pas immédiatement, mais c'est une façon de donner l'exemple. Les enfants nous imitent. Attention donc à nos formulations.

Exemplarité inappropriée : « Vous me mettez en colère. Je ne peux pas réfléchir quand vous faites autant de bruit. »

Dans cette phrase, le parent place sur l'enfant la responsabilité de ses émotions.

Exemplarité utile : « Je me sens en colère quand j'ai besoin de silence et que mes enfants sont en train de se chamailler. »

Là, le parent prend la responsabilité de ses propres émotions.

Recourir à une aide extérieure. Une colère provoquée par un problème actuel peut généralement être facilement canalisée. Si les suggestions présentées ici sont insuffisantes pour nous libérer de notre fureur, mieux vaut consulter. Les colères non résolues issues de situations anciennes d'impuissance ou d'abus peuvent nécessiter une aide professionnelle.

Recourir à une aide extérieure lorsqu'on en a besoin est un signe de compétence plutôt que d'échec. C'est comme aller chez le médecin avec un bras cassé au lieu de tenter de le réparer seul.

Émotions et sentiments sont déclenchés par des situations. Nous avons vu comment gérer les émotions. Maintenant, nous allons explorer diverses stratégies pour faire face aux situations elles-mêmes.

Compétence n° 4
Résoudre les problèmes

Camille, dix ans, est fatiguée de lire, fatiguée de dessiner, de faire des colliers, de regarder la télé et de faire ses devoirs. Elle n'a pas envie de ranger sa chambre, ni d'aider sa mère. Elle regarde Léo, son petit frère de quatre

ans, construire une grande tour de cubes. Camille ramasse son livre et se dirige vers la porte. Passant près de son frère, le livre lui glisse des mains et détruit la construction, déclenchant les cris de Léo :

— Tu as cassé ma tour ! Espèce d'idiote !

— J'ai pas fait exprès ! lui rétorque Camille d'un ton suffisant.

Rosa, trois ans et demi, pose son jouet. Immédiatement, Maria, sa petite sœur de deux ans, s'en empare. Rosa hurle :

— Rends-le-moi.

Maria l'ignore… Une énième bataille vient de débuter.

Yoan, neuf ans, regarde une vidéo tranquillement assis sur le canapé. Érica, quatre ans, s'approche de lui et commence à l'asticoter en lui chatouillant les pieds. Quand il lui demande d'arrêter, elle rigole et continue. Yoan s'assoit alors sur ses pieds pour les cacher. Érica tente de le pousser, perd l'équilibre, tombe du canapé et se cogne la tête.

Tout le monde a du pouvoir. Chacun peut choisir de s'en servir ou de le conférer à autrui simplement en n'utilisant pas le sien. Le pouvoir peut s'utiliser pour construire ou pour détruire. Son utilisation est constructive quand elle va dans le sens de l'apprentissage et de l'évolution, et destructive quand elle fait mal aux gens et les incite à se rebeller ou à se bloquer.

Ce que les enfants ont besoin de savoir sur le pouvoir

Il existe deux sortes de pouvoir. Le pouvoir positionnel et le pouvoir personnel. Le positionnel est le pouvoir *sur les autres.* Le personnel est le pouvoir de chaque personne sur *elle-même.*

Pouvoir positionnel. Il est lié au rôle que vous occupez. Les parents ont un pouvoir positionnel sur leurs enfants ; les professeurs sur leurs élèves ; un patron sur ses employés ; une adolescente qui fait du baby-sitting a un pouvoir positionnel sur les enfants qu'elle garde. Il prend fin lorsque la relation qui le crée se termine. Un patron sans employé n'a pas de pouvoir positionnel. Une baby-sitter a du pouvoir positionnel seulement pendant qu'elle garde les enfants.

Pouvoir personnel. Le pouvoir personnel est la capacité d'agir ou de réagir aux événements de la vie. Tout le monde en possède, cependant, certaines personnes ne s'en servent pas. Il est fondé sur une connaissance intime de qui nous sommes en tant que personne et de notre capacité à prendre des décisions claires et réfléchies.

Lorsque Léa laisse Marine gribouiller sur son dessin sans lui demander d'arrêter ou de partir, elle abandonne son pouvoir personnel. Lorsque Alexandra n'auditionne pas pour le rôle qu'elle désire dans une pièce de théâtre parce qu'elle craint de ne pas obtenir le rôle, elle réduit son pouvoir personnel. Lorsque Suzie demande de l'aide au principal du collège pour s'occuper de ceux qui l'embêtent dans le bus, elle utilise son pouvoir personnel.

Le pouvoir personnel consiste à prendre en compte et à visualiser ses désirs, à considérer ses options et à les mettre en œuvre. Parfois, les gens agissent seuls. D'autres fois, ils ont besoin d'aide ou de soutien de la part d'autres personnes. Pour exercer notre pouvoir personnel, nous devons réfléchir à nos options et décider comment utiliser nos ressources : connaissance, amis, physique, argent, énergie, etc. Il est intéressant de constater que ce qui donne du pouvoir à une personne est sa capacité à utiliser ce qu'elle a sous la main.

Les gens utilisent leur pouvoir de différentes façons. Tout le monde a du pouvoir personnel et certaines personnes ont aussi du pouvoir positionnel. Il se présente sous plusieurs formes :

Le pouvoir coercitif. Certaines personnes ont le pouvoir d'obliger d'autres personnes à faire des choses. Cela peut être dû à leur taille physique ou à leur position sociale. Le pouvoir coercitif peut être sain, comme quand un parent éloigne un enfant de la route, ou il peut être néfaste, comme lorsqu'un parent frappe un enfant parce qu'il a fait une bêtise. Le pouvoir coercitif, qu'il soit exercé par un copain violent, un parent ou un bureaucrate, cause de la peur, du ressentiment ou de la résistance, quelle que soit l'intention de la personne qui en a usé.

Le pouvoir de persuasion. Certaines personnes utilisent des méthodes douces ou indirectes. Elles peuvent flatter, raisonner, piéger, supplier, récompenser, soudoyer, ou apparaître désespérées pour obtenir ce qu'elles désirent.

Le pouvoir persuasif peut être utilisé constructivement (pour motiver) ou de manière destructive (pour manipuler). Il est constructif de motiver une personne à faire quelque chose dans son propre intérêt. Flatter un enfant malade pour qu'il prenne ses médicaments ou récompenser un adolescent quand il arrête de fumer sont dans l'intérêt de la personne influencée.

Le pouvoir persuasif est destructif quand il manipule les gens de telle manière qu'il réduit la confiance ou l'estime de soi. Lorsqu'un parent promet un cadeau en échange de coopération et ne respecte pas sa parole, l'enfant a le sentiment qu'on lui a menti. Quand quelqu'un se rend compte qu'il a été manipulé, la plupart du temps, il sera en colère et éprouvera du ressentiment envers la personne qui l'aura utilisé.

Le pouvoir coopératif. Le pouvoir coopératif est un pouvoir partagé. Que les participants soient égaux ou non, les besoins de chaque personne sont considérés. Le pouvoir coopératif trouve une solution qui convient pour les deux personnes. Le processus peut être aussi simple que proposer un choix, ou aussi sophistiqué qu'une négociation complexe.

Personne n'a un contrôle absolu. Beaucoup de jeunes enfants aimeraient maîtriser l'univers. Ils se mettent en colère quand la pluie annule une activité, quand un ami ne peut pas venir à la maison, ou quand un animal de compagnie meurt. Mais leurs cris ou leurs bouderies ne leur confèrent pas davantage de contrôle sur la situation. Il leur faut apprendre qu'ils ne peuvent pas tout contrôler.

Les enfants ont toujours le choix. Ils n'ont pas forcément de maîtrise sur les situations, mais ils ont du contrôle sur la manière dont ils y répondent. C'est l'essence même du pouvoir personnel. C'est déjà un choix que d'accepter l'inévitable ou de tout faire pour le combattre.

Les solutions rapides risquent de se retourner contre soi. Dans l'exemple de Maria et Rosa, les deux sœurs voulaient la poupée. Dès qu'elle l'a pu, Maria s'en est saisie, mais Rosa s'est retournée et la lui a reprise. Lorsque la mère a entendu le bruit, elle est venue et a confisqué l'objet de la dispute. La solution rapide – s'arracher la poupée de force – s'est retournée contre elles. Au final, ni l'une ni l'autre n'a pu jouer avec.

Le rôle des parents

Clarifier qui a du pouvoir sur les enfants. Les parents ont du pouvoir positionnel sur les enfants. Cependant, dans certaines familles, un enfant plus âgé peut avoir du pouvoir positionnel sur les plus jeunes. Cela arrive lorsque les parents attendent de l'aîné qu'il s'occupe des plus jeunes. D'autres familles ont le sentiment que c'est le rôle des parents d'être responsables des plus jeunes et non celui d'un enfant. Au sein de chaque famille il faut clarifier qui a du pouvoir positionnel et sur qui.

Faire la distinction entre les règles négociables et les règles non négociables. Les règles négociables encouragent la résolution des problèmes et la coopération. Les parents écoutent les soucis de l'enfant et discutent de la manière dont les besoins de chacun peuvent être satisfaits. Les règles non négociables doivent être obéies promptement, comme par exemple les questions de sécurité. Cependant, même les règles non négociables peuvent être modifiées si nécessaire. Les deux types de règles sont utiles.

Montrer l'exemple en utilisant soi-même le pouvoir coopératif. Les enfants apprennent décidément plus de ce que font leurs parents que de ce qu'ils disent.

Avec notre partenaire. Un antagonisme avec notre conjoint(e) peut être une occasion en or pour montrer à notre enfant un exemple de résolution de conflit par la négociation. Mieux vaut commencer par un simple désaccord, puis avancer vers des différends plus complexes. Nous pouvons utiliser le parentage STAR comme illustré de la page 41 à 49.

Directement avec notre enfant. Pour qu'il trouve plus tard par lui-même des solutions coopératives, il est judicieux de passer du temps ensemble pour saisir des occasions de lui fournir en modèle des attitudes issues du parentage STAR, reformuler les émotions, donner des choix, etc. Si nous utilisons le pouvoir coercitif à son égard, souvenons-nous qu'il nous imitera. Est-ce vraiment cela que nous désirons ?

Donner l'exemple d'une négociation avec notre partenaire.
Comme nous utilisons la situation comme modèle pour l'enfant, nous sommes attentifs à être le plus précis possible à chaque étape, le tout à haute voix.

Stop et mise au point. « J'ai entendu que tu voudrais utiliser la voiture demain pour aller à la bibliothèque faire des recherches. Or, j'avais prévu d'aller à une réunion. Quelles sont nos options ? »

Trouver des idées. Aller ce soir à la bibliothèque. Se faire emmener à la réunion. Engager une baby-sitter et déposer papa à la bibliothèque pendant la réunion, etc.

Agir concrètement. Choisir une des idées. Papa est d'accord pour aller à la bibliothèque ce soir plutôt que demain.

Revoir et corriger. Le lendemain soir au dîner, maman vérifie : « Est-ce que ça a été pour toi d'aller à la bibliothèque hier soir ? »

Aider les enfants à identifier la forme de pouvoir utilisée par les autres. On peut remarquer les différentes formes de pouvoir dans des livres, à la télévision et dans la vie quotidienne.

Télévision et vidéo. Alors que nous regardons ensemble *La Belle et la Bête,* nous pouvons demander : « Quelle sorte de pouvoir est-ce que Gaston utilise pour convaincre Belle de l'épouser ? »

Livres. En lisant *Le Roi de la cour de récréation :* « Quelle sorte de pouvoir a utilisé Sammy pour empêcher Kévin de jouer dans le bac à sable ? »

Situations réelles. Lorsqu'un invité attrape le jouet d'un tout petit : « Quelle sorte de pouvoir Max vient-il d'utiliser pour obtenir le camion ? »

Il est toujours intéressant d'élargir la discussion en poursuivant : « Comment les autres personnes dans l'histoire se sont senties face à cette utilisation du pouvoir ? » Ou « Qu'est-ce que le personnage aurait pu essayer d'autre pour obtenir ce qu'il voulait ? » Ces discussions permettent à l'enfant d'élaborer le concept de pouvoir plus précisément. Quand il rencontrera des problèmes dans le monde réel, il réfléchira plus vite et se sentira plus armé pour faire face à toutes sortes de situations.

Fournir aux enfants les compétences pour gérer les luttes de pouvoir.

Dans certains conflits, c'est la situation qui est problématique, dans d'autres, c'est le pouvoir qui fait problème.

Lorsque le problème n'est que le problème, les enfants peuvent utiliser les étapes de résolution des problèmes. Ces dernières ainsi que la manière de les faciliter sont décrites aux pages suivantes.

Lorsque le problème est le pouvoir, nos enfants ont besoin de stratégies spécifiques pour faire face aux pouvoirs destructeurs ou blessants. Vous en trouverez aux pages 123-124.

Les étapes pour résoudre un problème

Voici cinq étapes que les enfants peuvent utiliser dès aujourd'hui et qui leur seront utiles aussi plus tard en tant qu'adultes. Vous remarquerez que ce processus ressemble beaucoup au parentage STAR suggéré précédemment. (Pages 41-49) La seule différence est que ce processus divise la partie « Stop et mise au point » en deux parties : « se calmer » et « identifier le problème ».

Dans cet exemple, nous présumons que Yoan est familier avec le processus de résolution des problèmes et peut l'utiliser par lui-même.

1. **Se calmer.** Il est difficile de trouver de bonnes idées lorsqu'on est énervé. Pour des façons de se calmer, voir pages 94-95.

Lorsque Érica embête Yoan, ce dernier pourrait se dire : « Je ne vais pas laisser cette idiote m'énerver. Je vais compter jusqu'à dix, puis je réfléchirai à ce que je peux faire. »

2. **Quel est le problème ?** Je précise ce que je veux et j'identifie ce que veut l'autre personne.

Yoan : « Je veux regarder la télévision… Je ne suis pas sûr de ce que veut Érica. Elle ne joue pas avec la télécommande, donc ce n'est probablement pas la télé qu'elle veut. Quand je lui ai demandé d'arrêter, elle a gloussé. Peut-être que c'est avec moi qu'elle veut jouer. »

Pour vérifier, je peux le lui demander : « Érica, tu veux jouer avec moi ? »

Elle hochera peut-être la tête. Alors, je pourrai me dire : « J'ai un problème. Je veux regarder le film, et elle veut jouer avec moi. »

3. **Trouver des idées.** Il me faut plusieurs idées. Certaines peuvent être ridicules, mais les idées les plus stupides mènent souvent à de bonnes idées.

Si je ne fais rien, elle va continuer à m'embêter. Je pourrais…

— aller dire à maman que c'est une peste.

— lui tapoter le dos.

— la laisser regarder mon nouveau livre tant qu'elle me laisse regarder mon film.

— la transformer en chaton et jouer avec elle pendant que je regarde mon film.

— lui proposer de regarder avec moi, si elle ne fait pas de bruit.

4. **Agir concrètement.** Je réfléchis à chacune des idées, j'en étudie les avantages et les inconvénients, je précise dans ma tête ce que je veux vraiment et je décide par quoi commencer. Je conçois mon plan d'action.

Si je demande à maman, elle me dira : « Règle ce problème toi-même. » Je ne veux pas qu'Érica joue avec mon livre. J'ai peur qu'elle l'abîme. Je ne peux pas la transformer en chat, mais je peux lui proposer de s'asseoir avec moi. Je vais faire ça. Si ça ne marche pas, je peux tout de même essayer de demander à maman ou bien trouver un accord avec elle en lui prêtant mon nouveau livre.

5. Revoir et corriger. C'est l'étape d'évaluation. Est-ce que ça a marché ? Si ça n'a pas fonctionné, il est temps d'essayer une autre idée. Je vais continuer jusqu'à ce que quelque chose marche.

À la fin de la vidéo, Yoan peut se sentir fier et se dire : « Je l'ai fait. J'ai trouvé une façon de regarder la télé ! Ce n'était pas si dur. La prochaine fois, je pourrai lui demander si elle veut regarder la télé avec moi. »

Les étapes pour aider les enfants à négocier

Le processus de résolution de problèmes peut aussi être utilisé par deux enfants pour résoudre leurs différends. Avant que les enfants puissent apprendre à générer des idées et à les évaluer, ils ont besoin d'acquérir certaines compétences. Ils ont besoin de savoir écouter, faire attention, et comprendre certains concepts émotionnels. Cela se déroule généralement entre l'âge de trois et quatre ans.

Au début il peut être nécessaire que les parents agissent comme facilitateurs. Leur rôle est de fournir aux belligérants un espace structuré au sein duquel ils s'exprimeront, c'est tout, et c'est fondamental. Il est important de résister à la tentation de suggérer des idées ou d'influencer les décisions prises par les petits.

Au fur et à mesure que ces derniers s'approprieront le processus, ils deviendront de plus en plus autonomes.

1. Proposer aux enfants de tenter de résoudre ensemble le problème. « Asseyons-nous et voyons si vous pouvez trouver une solution ensemble. »

2. Aider les enfants à recadrer le problème en restant neutre. « Toi, Noriko, tu veux regarder *Le Monde de Némo* et toi, Takeo, tu préfères regarder *Batman* et les deux films commencent à 4 heures. Comment pouvez-vous vous organiser de manière à ce que chacun de vous soit heureux ? »

3. Encourager la quantité d'idées. Une fois les enfants familiarisés avec le parentage STAR, vous pouvez leur demander une idée par année de vie. (Un enfant de trois ans peut en trouver trois. Un enfant de six ans doit en trouver six.) Il est important de leur rappeler que les idées les plus saugrenues sont les bienvenues.

Quand ils réfléchissent, il faut résister à la tentation de leur en suggérer, car lorsque les adultes introduisent leurs idées, les jeunes en déduisent rapidement que les leurs ne sont pas aussi bonnes. Ils perdent alors de l'intérêt pour le processus et ne s'investissent plus.

4. **Aider au processus de choix et vérifier que la décision soit** satisfaisante pour les deux enfants. « Noriko, à ton avis, quelle solution conviendrait le mieux à la fois pour toi et pour Takeo ? » Si Noriko ne sait pas, Takeo peut répondre. Je n'oublie pas de vérifier que l'idée de l'un convient à l'autre : « Takeo, est-ce que l'idée de Noriko te va ? » Si l'idée ne règle pas la situation, les enfants la révisent jusqu'à ce que ce soit le cas.

5. **Revoir la décision** avec les enfants. « Est-ce que l'idée que vous avez essayée a marché ? Est-ce que vous avez le sentiment que c'était juste pour chacun de vous ? »

Introduire de nouvelles idées entre deux orages. Les enfants répètent souvent la même dispute encore et encore. Ceci est dû d'une part au fait qu'ils essayent de la comprendre, et d'autre part au besoin de se sentir puissants. Il existe différentes manières d'introduire de nouvelles idées afin de faire avancer les choses :

• Lire des livres au sein desquels les personnages résolvent une situation similaire.

• Donner l'exemple.

• Songer à haute voix : « Qu'est-ce qui se serait passé si… »

- Faire remarquer ce que font les autres enfants au parc ou au supermarché.
- Partager avec votre enfant la manière dont vous avez résolu un conflit similaire quand vous-même étiez petit(e).
- Faire une liste familiale sur laquelle seront inscrites toutes les idées de vos enfants. Ils pourront en rajouter chaque fois qu'ils en trouveront une nouvelle.

Les étapes pour faire face au pouvoir destructeur

Les enfants ont besoin d'aide pour faire face au pouvoir destructeur. Les gens qui utilisent le pouvoir coercitif ou persuasif le font car ils cherchent un combat physique, de l'action, ou éprouver un sentiment de pouvoir. Face à cela, garder la maîtrise de soi, même si la situation nous échappe, est déjà une stratégie efficace. En voici les cinq étapes :

1. **Se recentrer.** Prendre une profonde inspiration, compter jusqu'à dix, regarder par la fenêtre, imaginer l'autre personne couverte de boue, se concentrer sur son équilibre, tout ce qui nous permettra de nous calmer.

2. **Clarifier la situation.** Il faut parfois mettre à plat les faits ou poser une question pour aider l'autre personne à se concentrer sur la situation.

3. Définir ses souhaits. Clarifier pour soi-même ou pour les autres ce que nous voudrions qu'il se passe. La requête peut être extravagante, humoristique ou concrète.

4. Requérir une action. Être spécifique. Inviter la personne à nous aider à résoudre la situation qu'il ou elle a créée, sans l'exiger. Si l'autre perçoit une exigence, il ou elle aura tendance à se figer sur sa position.

5. Revoir vos choix. Arrivé là, il y a trois façons de maintenir vos frontières :

- Négocier
- Bouger
- Chercher de l'aide

Résoudre les problèmes de pouvoir

	Pouvoir coercitif	**Pouvoir manipulatoire**
	Camille a détruit la tour de Léo.	Juan se moque, et chantonne : « Lupita est un bébé, Lupita est un bébé. »
1. Se recentrer	Léo peut prendre de profondes inspirations et se rappeler : « Je peux décider de la manière dont je vais répondre. »	Lupita peut compter jusqu'à cinq et se dire : « Je suis responsable de moi-même. »
2. Clarifier la situation	« Tu as fait exprès de détruire ma tour. »	« Pourquoi est-ce que tu aimes chantonner ça ? » (Juan : « C'est rigolo. »)
3. Exprimer ses souhaits	« J'aimerais que tu gères tes problèmes toi-même plutôt que de m'en faire subir les frais. »	« J'aurais voulu que tu parles en anglais, comme ça je n'aurais aucune idée de ce que tu as dit. »
4. Demande d'une action	« Est-ce que tu veux bien m'aider à reconstruire ma tour ? » (Camille : « Non ! »)	« Est-ce que tu veux qu'on joue à un jeu de société ensemble ? » (Juan : « Non. »)
5. Revoir ses choix	Essayer de bouger : « Ok, je vais aller la construire dans ma chambre. »	Essayer la résolution de problème : « Alors qu'est-ce que tu voudrais faire ? »

Les enfants ne peuvent pas toujours réussir seuls. Il est important qu'ils sachent aller chercher de l'aide s'ils sont malmenés ou menacés. Le harcèlement est l'affaire des adultes. Il n'est pas réaliste d'attendre des enfants qu'ils résolvent seuls des problèmes de violence ou d'intimidation.

Résoudre les problèmes et lutter contre un pouvoir destructeur requiert des compétences complexes qui se construisent au fil du temps et de l'expérience. En général, entre trois et six ans, l'enfant développe diverses capacités de résolution de problèmes. Cependant, il ne commence à être vraiment capable d'affronter le pouvoir destructeur qu'à l'âge de l'école primaire.

Nous allons maintenant regarder comment les parents peuvent s'occuper de problèmes spécifiques.

Utiliser le parentage STAR : Résolution du problème entre Maria et Rosa

Écoutons Elena, la mère de Maria et de Rosa.

Stop et mise au point. « Maria et Rosa sont encore jeunes. Je dois leur enseigner des compétences, afin qu'une fois plus âgées, elles soient capables de résoudre leurs problèmes elles-mêmes. Je veux commencer par enseigner à Maria comment demander et comment échanger. À Rosa, je vais montrer comment conserver ses affaires hors de la portée de sa sœur. »

Trouver des idées.

• *Éviter les problèmes.* Je peux installer une étagère dans la chambre de Rosa pour qu'elle puisse mettre sa poupée hors d'atteinte de Maria.

• *Enseigner de nouvelles compétences.* Lorsque Maria tentera d'attraper la poupée de Rosa, je l'arrêterai : « Maria, c'est la poupée de Rosa. Demande-lui la permission si tu veux l'utiliser. »

• *Réduire la tension.* « Il est important de m'assurer que les filles fassent suffisamment d'exercice physique. Pour cela, je vais organiser des sorties au square. »

• *Former.* « Je vais leur enseigner à procéder à des échanges. »

Comment enseigner l'échange

1. Je montre l'exemple. « Maria, voyons si Rosa veut bien échanger ce jouet contre… »

2. Je tends à Maria un jouet susceptible de plaire à sa sœur en lui proposant de l'échanger elle-même.

3. Je tends deux jouets à Maria : « Réfléchis à ce que Rosa aime. Choisis celui qu'elle va préférer. »

4. Je tends trois jouets à Maria et je lui propose d'en prendre un pour Rosa.

5. Enfin, je suggère à Maria de trouver elle-même un jouet que Rosa aimera.

(Remarque : Il peut être nécessaire de répéter chaque étape plusieurs fois.)

• *Décrire le comportement désiré et manifester mon admiration.*

« Maria, j'ai entendu que tu as demandé. C'est une très bonne façon d'obtenir ce que tu désires.

• *Remarquer les progrès* de Maria lorsqu'elle regarde Rosa jouer un temps avec un objet avant de le lui demander. Puis lui manifester mon admiration.

• *Modifier l'environnement.* Je vais retirer les jouets que les filles se disputent le plus souvent, puis laisser Rosa jouer avec pendant que Maria fait la sieste.

• *Proposer de choisir entre deux options.* « On n'arrache pas. Tu peux soit échanger, soit demander. »

• *Renforcer les comportements appropriés.* « Maria, je t'ai entendue. Tu as demandé à Rosa d'utiliser sa poupée. Elle t'a répondu "plus tard". Je vais jouer avec toi pendant que tu attends. » (Le jeu avec le parent récompense ici la patience.)

• *Montrer l'exemple du comportement désiré.* En rentrant d'une sortie par exemple, je dirai à haute voix devant Rosa : « Je ne dois pas oublier de ranger mon sac en hauteur pour que Maria ne soit pas tentée de l'attraper. »

• *Reconnaître les émotions.* « C'est frustrant d'attendre quelque chose que tu désires. »

• *Établir une règle.* « On demande la permission avant d'utiliser quelque chose qui appartient à quelqu'un d'autre. »

• *Établir une conséquence.* « Si tu prends le jouet de quelqu'un sans demander, tu dois le lui rendre immédiatement. » Pour les plus âgés (quatre ou cinq ans), une conséquence supplémentaire peut être ajoutée, comme par exemple rendre un service à l'autre.

• *Veiller à l'application de la règle.* Si j'en surprends un(e) à se saisir de quelque chose sans demander la permission, je rappelle immédiatement la règle : « Tu dois rendre ça à Rosa. Est-ce que tu veux le faire toute seule, ou est-ce que tu désires de l'aide ? »

Agir concrètement. Je veux vraiment me concentrer sur l'enseignement de nouvelles compétences. Je sais que Maria est encore trop jeune pour négocier. Je vais donc lui enseigner à demander et à échanger pour obtenir ce qu'elle désire. Je serai attentive à toute amélioration et la féliciterai. Si elle prend encore sans demander, je lui suggérerai deux options.

Je vais encourager Rosa à placer ses affaires en hauteur quand elle ne s'en sert pas. Pour faciliter les choses, je lui libérerai une partie de l'étagère du salon pour qu'elle puisse y déposer un temps ses affaires.

Revoir et corriger. Je vais mettre en œuvre ce plan pendant une semaine. Si Maria n'améliore pas son comportement, je vais récompenser plus clairement ses efforts.

Utiliser le parentage STAR :
Questions de pouvoir entre Yoan et Érica

Stop et mise au point. Yoan et Érica se disputent souvent autour de la télévision. Ils ont besoin d'apprendre à résoudre ensemble leurs différends. Je vais leur enseigner à négocier.

Trouver des idées.

- *Modifier l'environnement.* Je peux retirer la télévision et la ranger dans un placard, là où personne ne pourra l'utiliser.
- *Éviter les problèmes.* Si Érica joue avec un ami, elle n'embêtera pas son frère, je peux en inviter un.
- *Enseigner de nouvelles compétences.* Pour introduire le processus de résolution des problèmes, je vais trouver un livre d'enfant portant sur ce sujet et le leur lire, puis en discuter avec eux.

- *Montrer l'exemple du comportement désiré.* Je peux par exemple utiliser le processus STAR pour négocier lors du dîner. (voir pages 113-116)
- *Proposer un choix entre deux options.* « Si tu veux quelque chose, tu peux négocier ou attendre. »
- *Valoriser les efforts.* « Érica, tu as demandé à Yoan si tu pouvais t'asseoir près de lui. Bonne idée. C'était bien pensé. »
- *Décrire et manifester mon admiration.* « Yoan, tu as réfléchi à une façon de réagir lorsque Érica a poussé tes pieds. J'ai remarqué ça, bravo ! »
- *Récompenser les négociations.* À chaque fois qu'ils essayent de négocier, ils reçoivent chacun une bille à mettre dans un pot. Lorsqu'ils trouvent une solution qui leur convient à tous les deux, ils reçoivent trois billes chacun. Quand le pot est plein, ils ont droit à une sortie en famille.
- *Reconnaître les émotions de Yoan.* « C'est sûr que c'est frustrant que quelqu'un t'embête alors que tu veux te concentrer. »
- *Refléter les émotions d'Érica.* « Tu te sens ignorée. Je parie que tu aimerais que Yoan joues avec toi. »
- *Instituer une règle.* « Toucher gentiment. »
- *Clarifier les limites et énoncer une conséquence.* Rappeler la règle familiale à Érica : « Tu touches gentiment ou tu joues seule dans ta chambre. »

• *Surveiller et intervenir.* Si elle continue à embêter Yoan, j'interviendrai : « Je vois que tu as choisi de jouer dans ta chambre. Est-ce que tu préfères y aller toute seule ou bien est-ce que tu veux que je t'aide ? » Si elle n'y va pas spontanément, je l'accompagnerai : « Je vois que tu veux de l'aide. »

Agir concrètement. Érica a quatre ans. Elle est assez grande pour commencer à utiliser la négociation pour obtenir ce qu'elle désire. Je vais commencer à lui montrer le procédé de résolution des conflits en lui lisant des livres pour enfants sur cette question. Puis j'aiderai les enfants à utiliser le processus de résolution de problèmes pour trouver une solution.

Revoir et corriger. Je vais évaluer les progrès sur une semaine. Si les enfants ne coopèrent toujours pas, je récompenserai chacun d'eux avec des billes dès que je les verrai *essayer.* Lorsque le pot sera plein de billes nous irons au zoo ensemble.

Utiliser le parentage STAR : Conflits autour du pouvoir entre Léo et Camille

Stop et mise au point. Léo et Camille ont déjà eu ce genre de dispute auparavant. Léo sait que l'entrée de la chambre n'est pas un endroit sûr pour construire une tour. Et Camille sait qu'elle doit gérer ses émotions sans s'en prendre aux autres. Je dois donc les aider à résoudre leurs différends. Je vais concentrer mon énergie sur Camille vu qu'elle est plus âgée et a davantage d'expérience.

Trouver des idées.

• *Éviter les problèmes.* « Camille, tu as du pouvoir sur toi-même. Tu peux trouver une autre façon de t'amuser qui ne dérange personne. »

• *Réduire la tension.* Je vais aller courir avec Camille chaque jour pour l'aider à diminuer la tension sous-jacente. Elle a de l'énergie à revendre. La course peut être un bon exutoire.

• *Proposer un choix entre deux options.* « Quand tu te sens irritable ou que tu t'ennuies, tu peux trouver une solution par toi-même ou venir m'en parler. »

• *Valoriser les efforts.* « J'ai remarqué que tu as utilisé ton pouvoir de manière constructive. Quand Léo t'a embêtée, tu es allée dans ta chambre. »

• *Encourager le bon comportement.* Je peux par exemple proposer une activité avec moi. « Si tu t'ennuies et que tu as envie de cuisiner, viens, on va faire des cookies toutes les deux ! »

• *Montrer l'exemple.* Quand Camille est dans les parages je me parle à haute voix, je pose le problème et j'émets plusieurs options, style : « Je suis énervée, qu'est-ce que je pourrais bien faire ? Est-ce que je devrais éteindre la télé que les enfants sont en train de regarder ? Ou leur demander de ranger le salon maintenant ? Ou peut-être que je pourrais aller courir un peu pour me défouler ? »

- *Reconnaître les émotions.* « On dirait bien que tu t'ennuies ou que tu es agitée. »
- *Instituer une règle.* Chacun est responsable de ce que fait son corps, que ce soit exprès ou non.
- *Clarifier les limites.* « Quand on abîme quelque chose qui ne nous appartient pas, on doit le réparer. »
- *Signifier une conséquence.* « Si tu ne peux pas ou si tu ne veux pas réparer ce que tu as abîmé, tu devras rendre un service à la personne avant de faire quoi que ce soit pour toi-même. Ce pourrait être de jouer avec Léo, le laisser tenir ta figurine d'oiseau dans les mains un moment ou… »
- *Faire suivre la conséquence.* Si une amie de ma fille vient à la maison pour jouer, je n'hésiterai pas à lui dire : « Camille sera libre pour jouer dès qu'elle aura rendu un service à son frère. » Je serai attentive à mon ton de voix pour que ce ne soit pas vécu comme un chantage, mais juste comme l'application d'une conséquence connue. Il s'agit de faire patienter l'amie tout en signifiant à Camille ce qu'elle a à faire pour réparer la relation à son frère.

• *Faire refaire mieux.* « Oups, la tour est détruite. Reconstruisons-la ensemble puis tu pourras repasser juste à côté en faisant bien attention. »

Agir efficacement. Je veux aider ma fille à affirmer son pouvoir en le canalisant de manière constructive. Je lui rappellerai qu'elle a du pouvoir et lui proposerai deux options. Puis je surveillerai et dès que je remarquerai ses efforts, je les valoriserai.

Revoir et corriger. Je vais noter leurs accrochages pendant une semaine. Si les choses ne s'améliorent pas, je me concentrerai sur la pose de limites. Je rappellerai la règle à Camille et serai attentive à ce qu'elle rende un service à son frère chaque fois qu'elle fera un mauvais usage de son pouvoir.

En quelques mots ce dont il est judicieux de se souvenir

Être attentif à nos propres tendances. Parfois, les parents ont un très fort besoin de contrôle. Ils attendent des enfants une obéissance immédiate. Ils ne peuvent pas accepter qu'un enfant y ajoute quelque chose ou se manifeste. Lorsque le besoin de pouvoir des parents est aussi fort, les enfants soit se forgent la croyance qu'ils sont sans pouvoir personnel, soit décident qu'eux aussi en auront, et ce, à n'importe quel prix.

Dans le premier cas, ayant intégré la croyance qu'il est impuissant, il devient vulnérable à quiconque montre une forte personnalité et un besoin de pouvoir sur autrui. Dans le second, il peut devenir rebelle, indiscipliné voire asocial.

Insister sur l'utilisation respectueuse du pouvoir. Établir en famille des règles sur l'utilisation appropriée du pouvoir. Nous pouvons sélectionner celles qui nous conviennent dans la liste ci-dessous et y en ajouter d'autres, importantes et utiles pour notre famille.

- *On touche doucement.* Tu es responsable de ce que fait ton corps, exprès ou non.
- *On utilise des mots.* Chacun dit à l'autre ce qui ne va pas et ce dont il a besoin.
- *On trouve des solutions gagnant-gagnant.* On vérifie que le besoin de chacun est satisfait.
- *On utilise un pouvoir positif.* On élève les gens vers le haut, on ne cherche pas à les diminuer.

Il est utile aussi de décider ensemble des conséquences qui s'ensuivront en cas de non-application de ces règles.

Considérer l'étape de développement de l'enfant avant de réagir aux luttes autour du pouvoir. L'enjeu pour un enfant entre trois et six ans est d'explorer sa relation vis-à-vis des autres et de se positionner. C'est la raison pour laquelle les accrochages et rixes entre frères et sœurs ou parents sont généralement fréquents à cet âge. Notre tâche est d'enseigner à l'enfant ce que nous voulons qu'il ou elle sache sur son pouvoir personnel et celui d'autrui.

Entre six et douze ans les enfants découvrent structures et processus. Ils font des expériences pour voir comment les choses fonctionnent dans la vie. Cela implique souvent de rapporter de nouvelles idées à la maison et de les expérimenter. De plus, lorsque les enfants se sentent démunis dans le monde extérieur, ils tentent d'affirmer leur autorité sur leurs frères et sœurs. Encore une fois, pour choisir leur attitude, les parents ont tout intérêt à considérer ce qu'ils désirent que les enfants apprennent, de crainte de leur enseigner par mégarde des attitudes indésirables. Au-delà des mots, nos petits observent attentivement nos comportements !

Pourquoi ne pas partager ce livre avec un ami, un voisin, ou un proche ou même un parent rencontré au square susceptible de nous soutenir au fur et à mesure de la mise en œuvre des différentes idées ? Nous pouvons planifier des rencontres régulières pour partager nos succès et réfléchir aux problèmes rencontrés. Travailler avec d'autres personnes peut être amusant et est une source d'intuitions et de découvertes utiles.

Résoudre les problèmes

À moi ! Je choisis un problème que je veux résoudre entre mes enfants.

Je décris en une phrase le comportement sur lequel je désire me concentrer en premier.

Je suis maintenant prêt(e) à utiliser le parentage STAR ci-dessous. Je me prépare, j'aurai sûrement besoin de réévaluer mes résultats et de réviser mon plan d'action plusieurs fois. Courage !

S – Stop et mise au point

Il est important, tout d'abord, de faire le calme en soi pour être capable de réfléchir clairement.

Lorsque ce comportement apparaît, je me sens ______

Quand je sentirai l'énervement monter devant ce comportement de mon enfant, je me calmerai en :

____

Puis, j'analyserai le comportement de mes enfants.

Est-ce que c'est réellement important ?

______ Oui ______ Non

À quelle fréquence se comporte-t-il/elle ainsi ?

Ça arrive ______ *fois par heure/jour/semaine*

L'enjeu principal à son stade actuel de développement est : ______________________

Qu'est-ce que je désire que mon enfant fasse à la place du comportement indésirable ?

Je veux que mon enfant ______________________

De quelle compétence mon enfant a-t-il besoin pour réussir à faire ce que je lui demande ?

Il ou elle a besoin de __________________________

T – Trouver des idées

Je trouve au moins deux idées pour chacun des cinq points ci-dessous.

Enseigner de nouvelles compétences

Montrer l'exemple __________________________

Formation ________________________________

Faire refaire correctement ____________________

Réagir positivement à la coopération

Attention _________________________________

Valoriser _________________________________

Récompenser ______________________________

Reconnaître les émotions

Écoute simple _____________________________

Écoute active ______________________________

Satisfaction dans l'imaginaire __________________

Établir des limites

Clarifier la règle ___________________________

Conséquence ______________________________

Une meilleure façon ____________________

Éviter les problèmes

Proposer un choix entre deux options __________

Réduire le stress ____________________

Modifier l'environnement ______________

A – Agir concrètement

Sélectionner une ou deux idées avec lesquelles commencer.

Je vais tenter de ____________________

et ____________________

Et avant de commencer ?

Avant de commencer, j'ai besoin de __________

R – Revoir et corriger

Je vais tenir ce plan d'action pendant

____

Ensuite, j'évaluerai les résultats et si ces idées ne marchent pas, je ____________________

____

____

Une fois le plan revu et corrigé plusieurs fois, si la situation ne s'améliore pas, il est temps de trouver un soutien extérieur. Le problème est-il ou non inquiétant ? Nous allons explorer cela au prochain chapitre. Il y a toujours des solutions même si parfois elles sont difficiles à trouver ou à mettre en place.

Quand faut-il s'inquiéter ?

Lola est trop autoritaire. Elle essaye constamment de contrôler tout le monde. J'ai peur qu'elle n'ait aucun ami quand elle ira à l'école.

Mon fils, Mathieu, devient furieux à la moindre provocation. Il se met si en colère qu'il frappe. J'ai peur qu'il ne tourne mal une fois adulte.

William ne me quitte pas du regard. S'il ne me voit pas, il se met à pleurnicher. Je ne peux rien faire sans qu'il soit dans mes jupes.

Amanda est tellement égoïste. Elle veut tout ce que les autres enfants ont. Elle ne laisse personne toucher à ses jouets. Si quelqu'un ne fait même que les regarder elle les attrape de suite pour les mettre en sécurité.

Les enfants normaux ont des attitudes pénibles. Quelques-uns, quoique tout à fait normaux eux aussi, manifestent des comportements très, très difficiles. Il est parfois compliqué de faire la différence entre des agissements gênants, qui restent dans la norme, et des symptômes inquiétants.

Les habiletés de ce livre s'adressent aux problèmes courants liés au développement. En revanche, si la cause sous-jacente vient de problèmes physiologiques, du système familial, ou de facteurs de stress personnels, une aide extérieure est nécessaire.

Cinq questions à se poser

Comment savoir si l'enfant va abandonner ce comportement en grandissant ou s'il a besoin d'une aide professionnelle ? Il n'existe pas de thermomètre ou de test scientifique qui puisse prédire le futur avec acuité. Cependant, quelques questions pourront nous permettre de trancher. Plus vous compterez de réponses « non », plus il est probable qu'une évaluation par un professionnel sera utile.

1. Le tempérament de l'enfant est-il resté constant ?

À la page 38, nous avons vu neuf traits de tempéraments stables dans le temps. Si un enfant est tenace, actif, intense et râleur, il ou elle sera naturellement plus difficile qu'un enfant peu actif, calme, joyeux, et peu persévérant.

Si Hugo était très actif et intense étant bébé, il sera encore probablement plus intense et physique à quatre ou huit ans que les autres enfants. Cependant, s'il était calme et doux étant plus petit, et se montre maintenant intensément et agressivement colérique, vous êtes en droit de vous inquiéter.

2. **Son comportement est-il dans la norme pour son niveau de développement ?** Par exemple, les crises de rage sont naturelles et courantes à deux ans.

Les étapes liées au développement

Âge	Enjeu développemental	Comportement difficile
0 à 18 mois	**Être et explorer** Grandir et prendre confiance Explorer le monde	Pleure Attrape tout ce qui lui passe sous la main
18 à 36 mois	**Penser et ressentir** Commencer à se séparer Apprendre à exprimer ses sentiments de façon constructive	Dit non S'enfuit Pique une crise
3 à 6 ans	**Pouvoir et identité** Décider de la manière d'exercer son pouvoir personnel Distinguer ce que font hommes et femmes	Refuse de coopérer Met en place des conflits et observe comment les autres y réagissent Essaye différents rôles

Âge	Enjeu développemental	Comportement difficile
6 à 12 ans	**Structure et socialisation** Développe ses stratégies sociales pour la vie dans le monde extérieur, y compris le développement moral avec les pairs	Défie les valeurs des parents Compare, est en désaccord, teste et expérimente les conséquences qui suivent le non-respect des règles

Les enfants de quatre ans sont aux prises avec les questions de pouvoir. Ce genre de conflits est typique de cette tranche d'âge même si c'est frustrant de vivre avec.

Avec un parentage efficace, les étapes de développement se succéderont sans embûches. Lorsque le parentage est inefficace, les comportements difficiles risquent de se développer en habitudes ou dégénérer en sérieux problèmes. *Voir le tableau ci-dessus.*

La tendance à donner des ordres de Lola est normale chez une petite fille de quatre ans, mais pas chez un enfant de dix ans.

La colère de Mathieu est appropriée à deux ans, mais plus à huit ans.

La détresse de William est courante chez les bébés, mais pas pour un enfant de quatre ans.

Le comportement d'Amanda est typique d'un bambin, mais pas d'une enfant de six ans.

3. Est-ce que le comportement s'améliore ? Là, une mesure objective est nécessaire. Quelle est la fréquence du comportement ainsi que le contexte dans lequel il se déploie ? Un calendrier ou un carnet de notes seront utiles pour inscrire toute observation.

Est-ce que Mathieu frappe une fois par jour, deux fois par heure, cinq fois par semaine ? Est-ce qu'il frappe ses amis aussi ou seulement ses frères et sœurs ?

Est-ce qu'il tape autant quand il est reposé que fatigué ?

Combien de temps est-ce que William pleure lorsque sa maman le laisse seul ? Est-ce qu'il pleure si elle le laisse alors qu'il est en train de jouer avec papa ?

Les impressions des parents sont souvent teintées de leur niveau d'énergie, de leur état émotionnel et de leur propre éducation, autant que par les activités réelles de leurs enfants.

Si l'enfant a changé brutalement de manière significative, il peut être utile de fouiller un peu dans le passé. Quand cela a-t-il commencé ? Que s'était-il passé à ce moment-là (à l'école, dans la famille, dans la famille élargie...) ?

La mère de William a réfléchi et a réalisé que les pleurs de son fils quand elle partait avaient débuté juste après le décès de sa propre mère. Elle a alors compris que cette attitude pouvait refléter sa peur de perdre sa mère à son tour. La compassion et la tendresse ont remplacé l'exaspération qu'elle éprouvait.

4. Avez-vous mis en place un plan d'action réfléchi pour réagir à ce comportement difficile ?

Certains parents attendent ou du moins espèrent que l'enfant grandira et que les comportements développementaux difficiles passeront sans effort de leur part. Cela n'arrive que très rarement.

Un plan d'action bien conçu doit inclure le comportement désiré, les critères d'amélioration, et la manière dont nous établirons des limites.

« Avons-nous développé un plan pour enseigner à Mathieu comment gérer ses émotions de manière appropriée ? » (Note : le plan a besoin d'être plus précis et élaboré que juste lui imposer une conséquence lorsqu'il crie ou frappe.)

« Avons-nous essayé un plan pour encourager Lola à penser aux besoins des autres ou à utiliser un pouvoir coopératif ? »

5. Que vous dit votre intuition ?

Les parents ont généralement le sentiment que « quelque chose ne va pas », leur intuition est souvent juste.

« Je sais que les enfants de deux ans et demi ont tendance à avoir de fortes colères et bouder les gens, mais j'ai vraiment l'impression que son comportement est extrême. »

« Je sais que les mamans manquent aux enfants, mais à trois ans, je ne pense pas qu'il doive être aussi angoissé. »

Si vous suspectez un problème

Si vous pensez qu'il y a peut-être un problème, il est utile tout d'abord de vérifier avec votre médecin de famille s'il n'y a pas quelque chose de physiologique. Si votre médecin ne peut pas vous aider, il peut peut-être vous recommander un autre praticien.

Puis, si vous ne décelez aucune raison médicale, un rendez-vous avec un psychologue, un coach familial ou un psychopracticien vous éclairera. Le professionnel vous dira peut-être : « C'est typique de son âge, continuez de cette manière et ça passera. » Ou « Je pense que vous avez raison de vous inquiéter. »

S'il s'avère qu'il y a matière à consulter, ce sera le moment de trouver un psychopracticien, un coach ou un thérapeute avec qui vous travaillerez. Il y a beaucoup de professionnels efficaces, il y en a aussi beaucoup d'inefficaces. Un psy efficace est :

• Compétent pour le type de comportements que présente votre enfant.

• Expérimenté avec les enfants de l'âge du vôtre.

• Capable de développer un bon rapport avec votre enfant.

Vous pouvez trouver des professionnels sur des annuaires professionnels, dans des centres médicaux psychopédagogiques (CMPP), ou en cabinets privés. Le premier ne sera pas forcément le bon, n'hésitez pas à continuer à chercher tant que vous n'en avez pas déniché un qui convienne à la fois pour vous et pour votre enfant.

Être un parent efficace dépend moins du comportement de votre enfant que de votre motivation à gérer les situations qui se présentent.

Les problèmes non liés au développement

Quatre types de problèmes sont susceptibles de causer des comportements difficiles : problèmes médicaux, difficultés dans le système familial, facteur de stress personnel, ou stress à l'école.

Problème médical. Certains enfants présentent des conduites inappropriées tout simplement parce que leur corps ne fonctionne pas correctement. Les problèmes médicaux peuvent être diagnostiqués par un médecin. Ces troubles peuvent être à l'origine de difficultés de communication, d'irritabilité, d'agressivité, de distractibilité, de fatigue, d'inattention, de douleurs au ventre, d'une intense activité voire d'hyperactivité, etc.

Difficultés dans le système familial. Une attitude problématique peut refléter des conflits concernant toute la famille. Cela n'est pas forcément un symptôme concernant exclusivement l'enfant.

John était très agressif à l'école et à la maison. Un thérapeute a découvert que son comportement empirait chaque fois que ses parents se disputaient. John était inquiet qu'ils ne se séparent. Inconsciemment, il espérait que, s'inquiétant pour lui, ils n'auraient pas le temps de se quereller.

Stress personnel. Le stress peut avoir une incidence sur le comportement. Les parents peuvent avoir conscience du stress sans pour le moins réaliser l'impact qu'il a sur l'enfant. Dans d'autres cas les parents ne savent rien du problème sous-jacent. Il peut s'agir de :

- Problèmes avec les pairs
- Moqueries
- Pauvreté
- Accident défigurant
- Abus sexuel
- Abus physique

• Manque de supervision adéquate
• Changements du programme habituel et des horaires

Le stress à l'école. Les problèmes de comportement à la maison peuvent avoir pour source des soucis à l'école. Cela peut venir de l'environnement scolaire en général ou du fait que cette école ne convient pas à l'enfant. Comme pour le stress personnel, il se peut que les parents n'aient pas connaissance du problème ou de son impact.

• Style d'apprentissage différent
• Trop de devoirs
• Pression académique
• Attentes imprécises
• Pression par rapport aux notes
• Présence de drogues
• Parler en public
• Professeurs difficiles
• Gangs
• Bouc-émissaire
• Ridicule
• Ennui

En quelques mots pour finir, ce dont il est judicieux de se souvenir

Les enfants ont besoin d'être vus uniques, capables et aimés pour ce qu'ils sont. Cela est valable pour les enfants uniques comme pour ceux qui ont des frères et sœurs. La plupart des comportements difficiles montrés par les enfants reflètent leur niveau de développement plutôt qu'une problématique grave.

Prendre du temps pour connaître chacun en tant qu'individu. Les enfants veulent être spéciaux plus qu'ils ne veulent être égaux. Spécial ne signifie pas meilleur ou égal.

Chercher les besoins en terme de développement. Lorsque vous avez identifié le besoin, il est facile de trouver comment leur enseigner les compétences nécessaires pour réussir avec leurs frères et sœurs comme partout dans le monde.

Prendre soin de soi-même. Vous n'aurez la perspective juste et l'énergie pour gérer les conflits de vos enfants que si vous êtes suffisamment reposé(e), nourri(e), et que vous vous amusez dans la vie !

Demander une aide professionnelle. Les problèmes sérieux ne passent pas sans aide. Si vous n'êtes pas sûr, pourquoi ne pas faire un « check-up » pour vérifier que tout va bien ?

Souvenez-vous que vous êtes digne d'amour, capable, même quand vos enfants se disputent. Votre valeur est déterminée par vos actions, pas par celles de quelqu'un d'autre. Un parent STAR est un parent qui apprend et évolue, pas un parent parfait. Ce livre vous offre des habiletés pour devenir un parent STAR.

Questions fréquentes (et réponses)

Voici quelques questions fréquemment posées dans mes conférences ou au sein des groupes de parents que j'organise.

Q : Comment puis-je faire la différence entre le besoin d'appartenance et le besoin de pouvoir ? *Mon fils de quatre ans, Adam, a un comportement très difficile à gérer à la maison. Mais à la maternelle, c'est un enfant modèle, gentil avec les autres, assertif et attentif, il aide spontanément et est à l'écoute des directives des adultes. À la maison, il n'écoute jamais. Je dois me battre* *pour qu'il fasse quoi que ce soit, surtout quand il y a du monde autour.*

R : Faire la différence entre les étapes du développement ressemble souvent à un vrai travail de détective. Puisque Adam se comporte bien à l'école et pas à la maison, il est clair qu'il sait ce qui est attendu de lui et en est capable. Donc la question qui se pose est la suivante : Quel bénéfice retire-t-il de cette attitude à la maison ?

Mon hypothèse est qu'il résiste aux requêtes pour attirer votre attention. Je le pense car son opposition est plus marquée quand il y a du monde. S'il accédait à vos demandes immédiatement, vous vous tourneriez probablement vers un de vos invités pour engager une conversation. En revanche, lorsqu'il résiste, il reçoit votre complète attention tant que dure le conflit.

Vous pouvez collecter plus d'informations en remarquant ce qui se passe lorsque vous êtes seuls. Continue-t-il à vous défier ou coopère-t-il davantage ?

S'il est agréable quand vous êtes tous les deux, l'enjeu pour lui est probablement l'appartenance. Votre travail est alors de lui enseigner à se sentir connecté à vous, même quand d'autres personnes sont autour. S'il n'est pas plus coopératif alors que vous n'êtes que tous les deux, l'enjeu est probablement le pouvoir. Vous pouvez réfléchir aux informations ou compétences dont il a besoin pour utiliser son pouvoir de manière appropriée. Pour des idées, voir pages 130-138.

Q : J'ai entendu des experts dire que récompenser n'est pas une bonne manière de faire, cependant, vous suggérez d'utiliser cette technique. Est-ce vraiment une bonne idée ?

R : Les récompenses sont pertinentes quand elles sont utilisées en tant que partie d'un programme de parentage positif tel que le processus STAR décrit au début de ce livre. Cependant, il est vrai qu'il est facile d'en abuser ou de les confondre avec du chantage. Ce dernier vise à mettre fin à un mauvais comportement. Les récompenses, en revanche, sont gagnées par des comportements appropriés. Par exemple, si un enfant est dans la file d'attente de débarquement à l'aéroport et hurle pour obtenir une barre au chocolat et que le parent la lui donne pour le faire taire, c'est du chantage. Cependant, si l'enfant veut une barre au chocolat et la reçoit après avoir attendu patiemment qu'ils aient débarqué, la friandise est une récompense. Avec le chantage, l'enfant doit d'abord crier pour obtenir ce qu'il désire. En revanche, pour recevoir une récompense, il doit être attentif à se tenir correctement.

Utilisées avec modération, les récompenses sont un excellent outil de guidance. Néanmoins, pas d'excès ! Elles sont un peu comme des bonbons. Un peu fait se sentir bien, mais en manger trop n'est pas bon pour la santé.

Q : Puis-je faire plus de mal que de bien en reflétant les sentiments de l'enfant si jamais je me trompe ? *Ce que je veux dire, c'est que supposons que mon enfant soit énervé que nous partions de chez son ami. Je lui dis : « Tu es déçu que ce soit l'heure de partir. » Cependant, en réalité, il est très en colère car je l'ai aidé à mettre son manteau. Est-ce que j'ai fait du mal ?*

R : Probablement pas. Les enfants apprennent davantage sur les émotions quand elles sont reflétées dans le contexte. Mais tant que vous tombez juste la plupart du temps, il comprendra ce que vous voulez dire. Nommer les émotions est un peu comme nommer les couleurs. Vous faites de votre mieux, puis passez à autre chose. « Tu es déçu qu'il soit déjà l'heure de partir » est du même ordre que « Tu mets ta veste rouge ». Peu de parents se soucient de savoir si la veste est vraiment rouge ou bordeaux.

De plus, même si vous vous trompez, il sera touché que vous preniez la peine de chercher à percevoir ce qui se passe pour lui. Et enfin, cela peut le rassurer sur sa capacité à lui à refléter les émotions d'autrui. Si vous pouvez vous tromper et que cela n'altère pas la relation, cela signifie que lui aussi a le droit de faire des erreurs ! Vous espérez qu'avec le temps, votre taux d'erreur diminuera. Cependant, si vous éprouvez déjà des difficultés à identifier vos propres émotions, il se peut que ce soit un peu plus ardu. L'aide d'un ami ou d'un professionnel pourrait être bienvenue. Une fois que vous discernerez mieux vos propres sentiments, vous pourrez l'enseigner à votre fils.

Au fur et à mesure que les enfants apprennent à identifier leurs émotions, ils vous corrigeront si vous vous trompez. Une fois que les enfants sont capables de reconnaître leurs sentiments, il est temps de se concentrer sur les différentes façons de s'en occuper.

Q : Parfois, tout ce que je fais, c'est m'épuiser à répéter encore et encore les règles de notre famille puis à jouer le rôle d'arbitre entre mes enfants. Y a-t-il moyen de faire autrement ?

R : Il y a trois pistes possibles : des règles de famille floues, ne pas tenir sa parole, et un désir de l'enfant d'interagir avec le parent. Nous allons brièvement voir comment éviter chacun de ces écueils.

Règles claires. Pour être efficace, une règle doit être claire et positive. Dire à l'enfant ce qu'il doit faire plutôt que ce qu'il ne doit pas faire. « Ne frappe pas ta sœur » devient « Tu touches gentiment », « N'arrache pas le jouet des mains de ton frère » devient « Demande si tu peux utiliser le jouet de William ».

Lorsque vous édictez une règle, il est important d'exposer clairement ce que vous ferez en cas de transgression. Par exemple : « Tu touches gentiment ou tu iras jouer tout seul. » Lorsqu'une règle est posée, vous devez la faire respecter. Sinon, les enfants apprennent à vous ignorer.

Reconnaître les bons comportements. Malheureusement, beaucoup de parents attendent un changement, mais ils ne le remarquent pas ni n'envoient de signaux positifs lorsqu'il apparaît. Or, lorsque leur effort est ignoré, les enfants finissent naturellement par mal se comporter de nouveau puisque cela leur attire davantage de cette attention dont ils ont tant besoin.

Par exemple, une mère disait constamment à ses enfants « Soyez gentils les uns avec les autres ». Mais luttes et accrochages continuaient. Lorsqu'elle commença à repérer les bons comportements et à les féliciter, les choses ont commencé à s'améliorer. Un soir, alors qu'elle couchait son fils aîné, il lui dit « tu veux vraiment qu'on soit gentils, pas vrai ? »

Q : Comment puis-je savoir si mon enfant possède les compétences sociales dont il ou elle a besoin ?

R : Regardez la liste aux pages 165-166. Plus vous obtenez de réponses positives, plus il est probable que votre enfant ait de bonnes compétences relationnelles et sociales. Lorsque vous avez trouvé ce que votre petitou a à apprendre, vous pouvez vous référer à la section « Ce que les enfants ont besoin de savoir sur… » (p. 52, p. 67, p. 91, p. 109)

Q : Est-ce que je peux utiliser le parentage STAR pour des conflits autres qu'entre frères et sœurs ?

R : Oui, bien sûr. Le processus de parentage STAR est utile et efficace dans tout litige relationnel. Il peut être utilisé au sein de la famille, mais aussi à l'école.

Liste de compétences

1. Votre enfant connaît-il/elle trois façons constructives d'obtenir de l'attention ou d'être inclus dans des activités ?
2. Peut-il/elle se tourner vers au moins deux personnes, autres que vous, pour se sentir appartenir ?
3. Connaît-il/elle la différence entre « dire » et « rapporter » ?
4. Maîtrise-t-il/elle des façons non-violentes d'établir ses frontières ?
5. Sait-il/elle quand défendre ses frontières par lui/elle-même et quand demander de l'aide ?

6. Utilise-t-il/elle toute une variété de mots (plus qu'en colère, triste, apeuré ou heureux) pour décrire ses sentiments et émotions ?

7. Dispose-t-il/elle d'au moins trois stratégies constructives pour gérer ses émotions fortes ?

8. Est-il/elle capable d'identifier les émotions des autres en utilisant une variété de mots ?

9. A-t-il/elle saisi la différence entre « pouvoir personnel » et « pouvoir positionnel » ?

10. Peut-il/elle identifier quelle sorte de pouvoir une personne utilise (coercitif, persuasif, ou coopératif) ?

11. Sait-il/elle négocier ou résoudre ses problèmes de manière non-violente et constructive ?

12. Dispose-t-il/elle de trois stratégies pour faire face à une personne utilisant un pouvoir coercitif ou manipulatoire ?

Cet ouvrage a été imprimé en France
par CPI Firmin Didot
à Mesnil-sur-l'Estrée (Eure)
pour le compte des Éditions J.-C. Lattès
17, rue Jacob, 75006 Paris
en avril 2013

COMPOSITION FACOMPO À LISIEUX

Dépôt légal : avril 2013
N° d'édition : 03 – N° d'impression : 1177746
Imprimé en France